Sternstunden der Leichtathletik
Die großen Meetings

Sternstunden d

er Leichtathletik

Die großen Meetings

Robert Hartmann

COPRESS VERLAG MÜNCHEN

Druckhaus München GmbH
Schellingstraße 39–43, 8000 München 40
Telefon 089/282423, Telex 5-24368

REDAKTION
Patrick Enba

GESTALTUNG
Franz Hornauer

PRODUKTION
Druck+Werbung Hornauer GmbH

FOTOS
Dieter Baumann Pressefoto,
Heinrich von der Becke,
Blick-Zürich, Faika (privat),
Gauls-Pressebild, Hajo-Sport-Foto,
Foto Horstmüller, Keystone,
Günther Kögler, Presse-Foto Klaus Krüger,
Maria Mühlberger, Pressefoto Nupnau,
Günter Peters, Peter Probst,
Rhein-Ruhr-Foto, Foto-Schirner,
Pressebild Kurt Schmidtpeter,
Milou Steiner, Tille (privat),
Foto-Werek, Foto-Wolf

GESAMTHERSTELLUNG
Druckhaus München GmbH
Printed in Germany

ISBN 3-7679-0240-0

Inhalt

Auf den Inseln der Seligen

Macht die Stadien auf, die Tingler kommen! Ein jeder spielt sein Spiel. In den Hochsommern trifft sich die Leichtathletik-Elite der Welt im alten Europa, Karawansereien gleich, auf glitzernden Bühnen. Überall sind Kürprogramme angesagt: Jagden auf Rekorde sind die gängige Ware, und für einen Superlativ reißen sich alle Beteiligten, vom Sportler über den Organisator bis zum Kampfrichter, die Beine aus. Und die Ansager an den Mikrophonen, die Verkünder des profanen und des glückseligen Heils, tragen stets Sorge um ihre gut geölte Stimme.

Die internationalen Meetings sind das Klein-Olympia der Leichtathletik. Teilnehmer aus dreißig, ja schon vierzig Nationen sind genau der richtige Rahmen für die Shows, die in ihren Regionen nichts weniger als die bedeutendsten Sportereignisse sind, ob in Zürich, Berlin, Köln, Koblenz, Fürth, Eberstadt oder Götzis. Mit diesen Veranstaltungen im deutsch- und schwyzerdütschsprachigen Raum sowie im österreichischen Vorarlberg beschäftigt sich das vorliegende Buch.

Alles hat seinen Preis, wir werden es noch erfahren. Die Hundertstelsekunde, der Zentimeter, der Sieg sowieso und der Weltrekord erst. Aber stimmt das wirklich? Nichts läßt sich über einen Kamm scheren. Vor zehn und mehr Jahren, als die Amateure noch halbwegs Amateure waren, schwärmte die Auslese der Besten von den hellen skandinavischen Mittsommernächten in Helsinki, Oslo, Turku, Göteborg und Stockholm. Und wohin richteten die Hüter der reinen Lehre ihre Bannstrahlen? Eben, in dieses Sündenbabel. Paavo Nurmi, der berühmte Finne, selbst er wurde zum Profi erklärt. Es waren kurze Prozesse mit gewetzten »Beckmessern«.

Heute mag die alte Strenge und ideologische Meisterschaft niemand mehr nachvollziehen. Es bleibt, nun zweckfrei, bei der Faszination, kleine und große Fehler inbegriffen. Auf den Inseln der Seligen haben wir auch schon manche Tänze um die goldene Stoppuhr erlebt. Money makes the world go round.

Andererseits, niemand weiß schließlich, ob morgen noch die Sehne hält oder ob mit dem Muskel nicht auch die Form schrumpft. Dann ist es vorbei mit dem verschwiegenen Charme der Banknote, welche mit ihrem Gegenwert die Leistung des Athleten reguliert.

Über allem Handeln liegt ein Hauch von Vergänglichkeit.

Was die Ausstattung der Sportfeste anlangt, womit immer auch die finanzielle gemeint ist, haben die Mittel- und Südeuropäer – Italien! – und die Briten die alten Hochburgen im Norden abgelöst. Größeres Hinterland mit dem unabdingbaren Zuschauerreservoir, dadurch größere Stadien, auch härtere Währungen und ein Menschenschlag von Leichtathletik-Vereinsfunktionären, der sich selbst in einer ernüchterten Zeit seine Visionen nicht kaputtreden läßt: Es trafen ein paar glückliche Umstände zusammen.

Das Wetter darf nicht vergessen werden. Nach einigem Hin- und Hergeschiebe wird jetzt zu Terminen veranstaltet, wenn der Sommer auch seine Sonne vorzeigt oder mit seidigen Sommernächten verzückt, an der Monatswende von Mai auf Juni und in den späten Tagen des August.

Visionen? War vorhin jemand über das Wort gestolpert? Zumindest kosten sie nichts. Sie sind wohlfeil.

Der Versuch soll unternommen werden, Linien nachzuziehen, vielleicht schon verwehte Spuren wieder freizulegen und zu sichern. Über den Amateur und die ihn jahrzehntelang umstellenden Paragraphen, aus denen er zuletzt ausbricht, wird die Rede sein wie über sportliche Höhepunkte und Geschehnisse am Rande, deren Wiedergabe nicht ihren geringsten Sinn darin sieht, das Menschlein im Menschen zu zeigen. Falls es zu Schmunzetten reicht, um so besser. Es werden uns sogar überraschend viele Kinder im Manne begegnen, und jedermann steht es frei, eigene Gedanken daran zu knüpfen. Ein umfangreiches Kapitel beschäftigt sich endlich mit dem Reizwort Geld. Das Geld im Wandel der Leichtathletik-Zeiten.

Es war während der Recherchen immer wieder verblüffend, zu sehen, wie zufällig die Meetings »aus der Taufe gehoben« wurden. Daß in der ersten Idee schon der kühne Entwurf einer für die Tradition vorgesehenen Serie steckte, davon kann gar keine Rede sein. Am zwingendsten stellte sich die Logik noch beim Internationalen Stadionfest, dem ISTAF in Berlin, ein, das sich 1937 geistesgegenwärtig in den Rükkenwind hineinblähte, der noch von den Olympischen Spielen im Jahr davor wehte. Die Fürther begannen mit einer Bettelaktion für einen Waldlauf, die Koblenzer starteten ihre jetzige zweite Serie in Neuwied, die Eberstädter wollten auf dem neuen Kleinfeld einem Vereinscup für die bundesdeutschen Hochspringer einen länd-

lich-herzlichen Rahmen geben, und plötzlich sprangen drei Mann über 2,30 Meter. Die Kölner und Zürcher wußten an mehr als einer Wegmarkierung nicht sofort, ob die teilweise jahrelangen Unterbrechungen wegen des Krieges, auch wegen Stadionumbauten, nicht doch am Ende nur in eine Sackgasse des Desinteresses führen würden.
Heute werden mit großer Selbstverständlichkeit schon Menetekel an die Wand gemalt, wenn in Köln statt 58000 nur knapp 50000 Zuschauer kommen, in Berlin anstelle von 58000 halt mal 38000, in Koblenz mit 14000 zahlenden Besuchern nicht das Schild »Ausverkauft« an den Kassenhäuschen hängen kann. Gewiß, niemand weiß, wohin der Strom der Zeit fließen wird, keiner kann sagen, er werde jedenfalls nicht in einem toten Arm zum Stillstand kommen; aber es ist auch nicht falsch, festzustellen, daß die Sportart Leichtathletik in den siebziger Jahren einen nicht für möglich gehaltenen Aufschwung vorbereitete, der in der ersten Hälfte der achtziger Jahre einen vorläufigen Höhepunkt erreichte. Die größte Gefahr für die Existenz der Meetings wird in Zukunft das Verlieren des Maßes sein, wobei eine pflegliche Behandlung der übrigen drei Kardinaltugenden wie die der Klugheit, Gerechtigkeit und Tapferkeit gleichfalls nicht außer Betracht bleiben möchte.
Die Organisatoren befinden sich in einer höchst eigenartigen Situation. Sie verwalten inzwischen Etats, die, wie im Falle von »Weltklasse in Zürich«, von 160000 Franken im Jahr 1973 auf 1,5 Millionen elf Jahre später expandierten, oder wie in Berlin von 80000 in 1969 auf 980000 in 1984. Aber ihr persönlicher Status blieb von dieser Entwicklung unberührt.
Dieses Thema hat Res Brügger, der Veranstalter im Zürcher Letzigrund, der Jahr für Jahr ausverkauft ist, mit einem Beispiel umrissen. »Neulich«, erzählt er, »schrieb ich einem Trainer in Amerika einen Brief, in dem ich ihm vorschlug, einmal einen 400-Meter-Lauf der meet-directors«, der Terminus technicus beim Umgang mit Ausländern, »bei uns zu veranstalten, damit« – dezente Pause – »die Zuschauer einmal die letzten Amateure zu sehen kriegen.«
Die Aussage verblüfft. Tatsächlich sind sie als Organisatoren in ihre Vereine eingebunden, das heißt, daß gemeinnützig ist, was sie in deren Dienst tun. Besoldete meet-directors gibt es im Ostblock und in Italien sowie in Oslo und Nizza.
Der Berliner Rudi Thiel sieht in ihrer Ehrenamtlichkeit einen unverzichtbaren Vorteil. »Dieses Freisein von solchen Bezahlungen gibt einem auch das Gefühl, unempfindlicher gegen Kritik zu sein.« Der Koblenzer Fredy Schäfer führt an, sich nicht in die Hand der Klubs begeben zu wollen. Der eine ist Oberbauleiter, Senatsangestellter mit einer erst jüngst erreichten 14tägigen Freistellung für das ISTAF, der andere Postamtsrat.
Brügger ist leitender Direktor einer Rückversicherungsgesellschaft, der Kölner Manfred Germar in Toto- und Lotto-Angelegenheiten tätig, sein Schatzmeister Klaus Ulonska ist selbständig — Dachdeckerei —, der Eberstädter Peter Schramm ist Grundschullehrer, in Götzis teilen sich mit den Herren Konrad Lerch, Werner Ströhle und Armin Hug ein Textil-Ingenieur, ein Buchhalter und ein Lehrer die leitenden Funktionen. Ulonska rechnet großzügig die Kostenersparnis vor: »Wenn Sie so gut sind, daß Sie ein Meeting von vorne bis hinten im Griff haben, sind Sie auch 250000 Mark wert.« Thiel meint: »Die Hälfte ist auch schon viel.«
Es ist nicht so, daß sie sich in einem Rechtfertigungsnotstand befänden. Aber immerhin wird bekannt, daß etwa das unzertrennliche Kölner Doppel bis 1984 sämtliche Flugreisen auf eigene Kosten abrechnete, und wenn sie Athleten zu Arbeitsessen einladen, tun sie es immer noch. Schäfer bekennt, daß er aus Kostengründen bisher noch nie nach Berlin auf Vereinsspesen geflogen sei, er hat folglich noch kein ISTAF in natura gesehen.
Weshalb legen sie sich eigentlich so krumm und nehmen einen Streß auf sich, der während der hektischen Tage vor den Sportfesten gesundheitsgefährdende Formen annimmt? Seine Kollegen haben es als Warnschuß auch vor den eigenen Bug verstanden, daß Brügger vor dem jüngsten Meeting mit einer Kreislaufschwäche zusammenklappte. Thiel weist sich mit dem emotionalsten Beweggrund aus. »Ich bin einer der wenigen in dieser Stadt«, sagt er, »die für Berlin etwas tun können.« Peter Schramm formuliert sicher Allgemeinverbindliches, wenn er bekennt: »Ich baue mich selber damit auf. Weltruf! Von daher fällt es mir nicht schwer, diese Arbeit zu machen. Es ist eine Faszination – Hochsprung total.« Oder ein »gerafftes Olympia« (Thiel) in der hohlen Hand zu halten. Ulonska weiß, daß der Fördererkreis des ASV Köln nicht halb so groß wäre, stünde

nicht alljährlich das Meeting als gesellschaftliches Ereignis an. Außerdem führt es dem Klub ständig frisches Blut zu. Im Monat danach melden sich im Schnitt hundert Jugendliche an.
In der Schweiz gibt es einen Ausdruck, der die Motive der Organisatoren gut abstützt. Sie sind »angefressene« Leichtathleten. Germar und Ulonska waren Europameister, Brügger Landesmeister im Kugelstoßen, danach Trainer, sogar Trainer der Hochspringer im LC Zürich, über Stabhochsprung verfaßte er ein Buch! Thiel war 1500-Meter-Läufer, Schäfer Sprinter und Weitspringer.
Reiner Faika vom LAC Quelle Fürth verbringt einmal eine ganze Nacht bei der Neusortierung der Startnummern; Brügger telefoniert bis in den Morgen mit Edmonton und Calgary in Kanada, damit er Henry Rono, den kenianischen Wunderläufer, entgegen jeder Wahrscheinlichkeit doch noch ins Flugzeug nach Europa kriegt; Germar dirigiert von einem Brüsseler Hotelzimmer aus bis um vier in der Früh, damit achtzig überzählige Athleten noch in Kölner Hotels unterkommen. Es ist diese starrköpfige Hartnäckigkeit, mit der sie ihre Ziele verfolgen, die sie auszeichnet. Dieser Umstand, gepaart mit dem sicheren und beruhigenden Wissen um die in die Hunderte gehenden ehrenamtlichen Mitarbeiter, verhinderte den Versuch von branchenfremden Managern, gegebenenfalls die Initiative zu übernehmen, schon im Ansatz. Diesbezügliche Befürchtungen, die mit der neuen Freizügigkeit in finanziellen Dingen um 1981 zum ersten Mal zu lesen und zu hören waren, bewahrheiteten sich nicht. Mit links ist bei Leichtathletik-Veranstaltungen kein Geld zu verdienen.
Was für eine Präsentation würde sonst wohl heraufdämmern?
Das Geld kann allerdings immer wieder, die Gefahr ist nie gebannt, die schöne Eintracht sprengen. Man hat sich immerhin gewappnet. Im März 1978 gründeten die Veranstalter der eingeführten Feste die Vereinigung der Euromeetings. Brügger wurde ihr erster Präsident, Germar der Vize. Es galt auch, dringend Ordnung in ein sich anbahnendes Chaos zu bringen. Im Sommer 1975 gab es 74 Meetings an 137 möglichen Tagen, 1979 deren 126 an 148 Tagen und 1980 150 an 137 Tagen, allein 44 vom 5. bis 31. August – nach den Olympischen Spielen fühlte sich jeder berufen, die Jugend der Welt noch einmal zu sich zu rufen.
Die Chose begann sich schon zu zerfleddern. Von den vielen setzten sich zuletzt aber wieder nur die Seriösen durch, jene, die ihren glücklichen Rahmenbedingungen Dauer verleihen konnten. Das Mehrkampfmeeting in Götzis entstand 1975, Fürth 1976, der Hochsprung in Eberstadt 1978.
In dieser Zeit wurde es offenkundig, daß die alten Rezepte der Verbände mit ihren Länderkämpfen nur noch in Ausnahmefällen taugten. Eine tödliche Langeweile drohte, und die Schwarzmaler – von denen es gerade in der Leichtathletik wimmelt – läuteten zum wievielten Male das Totenglöckchen für die Sportart der Einzelgänger. Das dramatisch sinkende Interesse an der olympischen Kernsportart wurde nun mit den Veranstalter-Initiativen auf Vereinsebene mit aufgefangen. Mao hätte angeraten: Laßt tausend Blumen blühen! Aber nicht dirigistisch bedrängt und schließlich überwuchert vom Unkraut.
Die Großen der Meeting-Szene etablierten verblüffend schnell die neue Qualität, so daß Thiel bald feststellen durfte: »Wir machen die populäre Leichtathletik. Jahr für Jahr ist, mit kleinen Nuancen, die Weltspitze da.« Der Berliner setzt das Datum der zunächst zögerlichen Tendenzwende in die Jahre 1973/74. Brügger und er faßten Fuß, und sie beschlossen als nächsten Schritt eine enge Zusammenarbeit. »Das Beste war uns gerade gut genug. Und der Umschwung kam, als die Amis anfingen, für unsere Veranstaltungen zu trainieren.« Das taten auch solche US-Athleten, die normalhin nach dem Abschluß auf den Universitäten ihre sportliche Laufbahn beendet hätten. Sie sahen nun die neuen Verdienstmöglichkeiten und blieben bei der Stange, zumal sich ihnen zusätzlich die Möglichkeit eröffnete, sich an eine der Sportartikelfirmen anzubinden.
»In den siebziger Jahren«, blickt Brügger zurück, »sind Dinge passiert, die wesentlich waren. Kunststoffbahnen, Flutlicht, acht Bahnen. Und dann sind auch noch diese phantastischen Athleten aufgetaucht.« Er könnte ins Schwärmen geraten über die Alberto Juantorena, Mike Boit, John Walker, Henry Rono, Steve Ovett und Sebastian Coe, die Deutschen Karl Honz, Harald Schmid und Thomas Wessinghage, den auffälligen Hochspringer Dwight Stones, der ausgerechnet ein Mickey-Mouse-Hemd zu seinem Markenzeichen wählte. Damit verstieß er zwar gegen die in den Satzungen reglementierte Kleiderordnung, die allein

das Vereinstrikot gelten läßt, aber erst die Provokation reizte und verhalf zur erhofften Publizität. Diva Stones.
Es ist dabei geblieben, daß die Amerikaner das beste Stammkapital eines jeglichen internationalen Sportfestes in Europa bilden. Sie sind leistungsbereit und halten sich an Abmachungen; schwarze Schafe brauchen in dem Zusammenhang nicht eigens erwähnt zu werden. Fredy Schäfer erzählt eine Begebenheit. »Ich kann erst richtig Geld bezahlen, wenn etwa im 400-Meter-Lauf einer unter 45 Sekunden läuft. Am Oberwerth ist das bisher noch keinem gelungen, und ich hätte schon gern, daß es einmal geschieht.« Was passierte nun im vorigen August? Armstead lief 45,03 Sekunden, der Olympiasieger Babers 45,07 und Smith 45,09. »Nicht, daß sie danach angekommen wären, um mit allen möglichen Argumenten trotzdem die ausgesetzte Prämie zu kriegen. Für sie ist knapp vorbei auch vorbei.«
Ihre wichtigsten Athleten sehen sich die Organisatoren genau an. Die Kölner entlohnten den Brasilianer Joaquim Cruz, der über 800 Meter mit der Zeit von 1:41,77 Minuten gerade am Weltrekord nur um vier Hundertstel gescheitert war, als hätte er ihn gebrochen. Die Handlungsweise Germars ist leicht nachvollziehbar: Cruz ist jung, 21, er soll noch eine Reihe von Jahren mithelfen, das Meeting zu tragen. Augenscheinlich ist hier die Regel von Belang, nicht am falschen Ende sparen zu dürfen.
Rudi Thiel ahnt schon, daß er gegen ein eingerastetes Vorurteil anredet, möchte es aber trotzdem erwähnen. »Ich höre in letzter Zeit so oft, daß die Athleten nur noch hinter dem Geld her wären oder so. Ich kann nur sagen, daß sie sich gegenüber früher in ihrer Grundeinstellung kaum geändert haben. Da widerspreche ich immer, wenn es darum geht: nur Geld.«
Schramm ist in Eberstadt weit weg vom (Start-)Schuß, der die Superstars auf die von Dollarnoten umsäumte Stadionrunde schickt. Er liest die gängigen Summen nur in den Zeitungen. »Wenn das alles stimmt, kann ich nur sagen, daß es bei mir Markbeträge sind, wo es bei den Meetings um Dollars geht.« Nach dem Besuch der chinesischen Hochspringer erzählte seine Frau, wie sie mit einem Betreuer zu einem Einkaufsbummel nach Heilbronn fuhr und das meiste Geld wieder mit nach Hause brachte, weil ihr höflicher Begleiter schon nicht mehr preiswerte, sondern nur billige Uhren als Geschenk annehmen mochte. Bei einem gemeinsamen Essen in einem Heidelberger Chinarestaurant kehrte die kleine fernöstliche Reisegruppe den Spieß um und lud ihre Gastgeber ein.
Am entschiedensten äußert sich Konrad Lerch zur Frage der Honorierung von sportlichen Leistungen. »Bis jetzt haben wir noch keinen Schilling Startgeld bezahlt!« Das muß erst einmal nachgeschmeckt werden. In Götzis stellte Daley Thompson zwei Weltrekorde auf, dort gingen Kratschmer, Hingsen, Wentz, Zeilbauer, Wertner und Niklaus an den Start, neben den zahlreichen Zehnkämpfern – und Siebenkämpferinnen – aus dem Ostblock.
»Der Daley hat von uns für den Weltrekord in 1982 einen Golddukaten erhalten, wie ihn die Kinder hier zur Kommunion bekommen. Er erhält Flug und Aufenthalt bezahlt und drei oder fünf Dollar Tagesgeld. Das zahlen wir, ohne rot zu werden. Daley hat auch noch nie etwas verlangt. Das ist es, was nicht zuletzt uns von der Leichtathletik-Gemeinschaft Monfort animiert, weiterzumachen. Wir wären nicht in der Lage, das anders finanziell zu verkraften. Ein kluger Zehnkämpfer weiß, daß er im Zehnkampf sein Geld eh nicht verdient. Er bestimmt seinen Marktwert nur über die Umweg-Rentabilität.«
Eine längere Rede. Bei der Rückkehr in die Stadien erfahren wir, daß es populäre, halbpopuläre und nichtpopuläre Disziplinen gibt, und auch zur Situation der Frau im illuminierten Leichtathletik-Stadion ist einiges anzumerken.
War es während der Amateurzeiten mit den Unter-dem-Tisch-Zahlungen in nicht geringem Maß auch dem Verhandlungsgeschick des einzelnen Sportlers weitgehend überlassen, wie viel oder wie wenig er für seine Vorführungen herausschlug, setzen sich seit dem Sommer 1983 mehr und mehr die tarifähnlichen Vereinbarungen durch. Wie in der Praxis inzwischen verfahren wird – oder wie die Empfehlung der Euromeeting-Veranstalter aussieht –, kann an anderer Stelle in diesem Buch nachgeschlagen werden. Die Zeit der Heimlichkeiten ist weitgehend vorbei. Zu beachten bleibt allerdings das Wort »weitgehend«.
Allgemein betrachtet erhalten die Läufer der Strecken zwischen 800 und 5000 Meter unter Einschluß der 3000 Meter Hindernis den höchsten Sockelbetrag zugestanden. 3000 Dollar für die Besten. In dem von Res Brügger ausgearbeiteten Tableau ist auch der Hundertmeterlauf aufgeführt, doch

scheiden sich bei seiner Bewertung bereits die Geister.
Die Grundlagen in der Voraustaxierung der Sportler sind ihre aktuellen Titel und Plazierungen bei den internationalen Meisterschaften und die Plätze in der zeitnahen Weltrangliste. Am unteren Ende der Skala erscheinen, noch einmal deutlich abgesetzt von den Springern, die Werfer. Kugelstoßer, bekennt etwa Schäfer, treten für 'nen Appel und ein Ei in den Ring. »Kugelstoßen ist ein Sozialwettbewerb. Die Athleten erhalten ihr Essen und 300 bis 400 Dollar. Da kommen sie sich wie die Blödmänner vor.« Die Amerikaner müssen ja im Vergleich zu Mark oder Franken den Kurs fast mit eins zu eins veranschlagen, die Kaufkraft zugrunde gelegt.
Der Diskuswerfer Rolf Danneberg sagte, bevor er Olympiasieger war, gerne zu, wenn er für 450 Mark von Hamburg aus anreisen durfte. Seit dem Erfolg in Los Angeles hat er sich auf die Verhandlungsgrundlage von 1000 Dollar verbessert.
Immerhin kann einer wie Res Brügger von sich behaupten, nie einen Athleten, der im internationalen Teil seines Abendprogramms startet, leer ausgehen zu lassen. Wenigstens 350 Franken habe er für jeden übrig. Er könnte sich auch auf fünf Dollar Tagesgeld zurückziehen. Skeptisch nachhakende Zeitgenossen liegen jetzt mit der Überlegung, niemand wisse, ob aus diesem noch namenlosen Reservoir in zwei, drei Jahren nicht doch ein Star entstiege, bestimmt nicht so falsch. Der erwiese sich dann, rückblickend, doch als besonders dankbar. Wo die Organisatoren den Gesichtspunkt nie aus den Augen verlieren dürfen, zur Abdeckung der laufenden Kosten im Verein möglichst einen Gewinn erwirtschaften zu sollen, kann kein Geld mit lockerer Hand verschenkt werden.
Ein – noch – bescheidenes Sonderkapital sei den Leichtathletinnen gewidmet. Inwieweit bis in die Gegenwart hinein das überkommene Rollenbild von der Frau als Sportlerin betrachtet und danach für zu blaß befunden wurde, wer weiß es? Derartige Überlegungen bleiben im Spekulativen stecken. Schon in Skandinavien hatte sie nur winzige Nebenrollen spielen dürfen. Die Olympiasiegerinnen Heide Rosendahl und Ingrid Mickler beschieden sich weiter südlich vor anderthalb Jahrzehnten zuweilen mit 100 bis 150 Mark.
»Früher hatte man«, gibt Brügger grundsätzlich zu bedenken, »den Ostblock-Athletinnen nichts entgegenzustellen.« Aber auch für eine wie Ulrike Meyfarth hat es für mehr als 1500 Mark selten gereicht. Die erste, welche die unsichtbare Trennwand, die zwischen den Frauen und den Männern in den Stadien errichtet ist, durchstieß, war erst 1984 die amerikanische Olympiasiegerin im Sprint Evelyn Ashford. Für ihr Hundertmeterduell mit der Weltmeisterin Marlies Göhr aus Jena vereinbarte sie in Zürich eine Summe von 4500 Dollar inklusive Reisekosten, darüber hinaus handelte sie eine Weltrekordprämie aus. Sie dürfte kaum geringer gewesen sein, schließlich lassen sich die Veranstalter bei Höchstleistungen, der besten Werbung für das nächstjährige Meeting, nicht lumpen. Die jüngste erklärte Absicht der Euromeeting-Chefs ist, die Frau in der Bezahlung künftig dem Mann gleichstellen zu wollen.
In überhaupt kein Schema läßt sich die kleinste Interessengruppe pressen, die der Publikumsmagneten. Sie bilden die raren Ausnahmen von jeder Regelung, sie sind allenfalls geometrisch exakt bestimmbar: als die Spitze der Pyramide. Trotzdem sagt Ulonska: »Wir sind nicht mehr bereit, mehr als 15000 Dollar zu bezahlen. Wir haben dieses Mal zwei Athleten höher bezahlt.« Carl Lewis und Edwin Moses. Anderswo mag es Sebastian Coe gewesen sein. »Aber nicht bei mir!« wirft Brügger sofort ein. »Der war immer bei 10000.« Hinter der allgemeinen Entschlossenheit steht die Überlegung, daß das quirlige Klein-Olympia eines Tages wie eine anachronistische Illusion entschwinden könnte.
Wenn allein ein Spitzensportler schon 25000 Dollar abschleppt! Das ist fast mehr, als Eberstadt und Götzis in ihren Gesamtetats veranschlagen. Oder so viel, wie das ISTAF 1969 umsetzte. In der Beamtenstadt Koblenz beginnt bei derartigen Zahlen das Publikum wegzubleiben. Es grollt, womit der Fortbestand des Sportfestes auf höchstem Niveau schon gefährdet ist. Die roten Zahlen, die in Koblenz – mit rund 100000 Mark – zuletzt geschrieben wurden, heben sich eindringlich genug vor dem düsteren Hintergrund ab. Selbstverständlich, Sonderabmachungen wird es immer geben. In einem plötzlich dringlich gewordenen Einzelfall wird jeder Veranstalter die eigenen Erfordernisse zu berücksichtigen haben. Etwa, wenn zwei von drei geladenen Assen ausfallen und der Übriggebliebene seinen Marktwert neu bemißt.
Besonders showbegabte Athleten dürfen, natürlich einige Stufen abgesetzt, ebenfalls auf einen Extrabonus hoffen. »Nur«, bittet

Schäfer zu bedenken, »wenn sich der Dreispringer Willie Banks reinklatschen läßt, kann er keine 16,20 Meter abliefern. Oder: Mit 2,20 Meter im Hochsprung kann man kein Publikumsliebling werden.«
Aus dieser Sicht scheint Carl Lewis trotz seiner vier olympischen Goldmedaillen schlechte Karten zu haben. Thiel mißfällt »das Roboterhafte« an dem Ausnahmekönner. Ulonska bezeichnet ihn als »Sensation«, die man einmal den Leuten zeigen müsse. »Der Moses ist dagegen ein Markenartikel!« Ulonska sieht seine ehrliche Überzeugung jedoch vom Kompagnon Germar sofort wieder eingeschränkt, weil der meint: »Nur interessant, wenn er gegen Harald Schmid läuft!« Überhaupt hätte er lieber das Lokalkolorit im Vordergrund. »Zwanzig gute Deutsche, und dann sind die Meetings gerettet. Dann könnten wir uns erlauben, einige der spinnerten Stars auszuladen.« Indes, die zwanzig bringt er nicht zusammen, und nicht nur Thiel widerspräche grundsätzlich.
Eine für alle Organisatoren verbindliche Meinung bringt man ohnehin nicht zustande. Fest steht jedoch, daß das in bescheideneren Zeiten gewachsene herzliche Einvernehmen unter den handelnden Personen allmählich dem geschäftsmäßigen Umgang weicht. Die alten Zeiten, sie sind nicht mehr. Als wir die Veranstalter von unserer Absicht in Kenntnis setzten, ein Buch über die großen Meetings zu verlegen, stimmten sie spontan, und keiner war darunter, der sich ausgeschlossen hätte, der Meinung zu: Wir sind an einem Wendepunkt angelangt! Es ist ein Gefühl, das in der Luft liegt. An manchen besinnlichen Tagen, so sie vorkommen, spüren sie den Stich, der ins Herz geht.
Die Sportler reklamieren heute ein Recht auf Honorierung der Leistung. Sie sehen, wie das Geld in die Arenen, in denen sie Beifallsstürme lostreten, hineinfließt. Möglich wurde der Boom freilich nicht nur durch die Öffnung des Amateurbegriffs zugunsten einer neuen Liberalisierung, sondern auch durch das Verhalten der Fernsehanstalten. Schalteten sie noch bei den Leichtathletik-Europameisterschaften in Rom 1974 rücksichtslos ab, weil ihnen die Reiterwerbung am Rande der Kunststoffbahn ein Dorn im Auge war, sind mittlerweile alle derartigen Streitpunkte still erledigt worden, durch einfaches Aussitzen der Problematik.
Der Sport hat in einer stets größer werdenden Freizeit seinen Stellenwert erkannt, und niemand mehr mag widersprechen. Die öffentlich-rechtlichen Anstalten denken schon an die heraufziehende private Konkurrenz, und sie werden kaum fehl in ihrer Vermutung gehen, daß jene erst recht nicht die Läufer, Werfer und Springer aus den Tempeln vertreiben werden, auch wenn sich in deren Gefolge die Werbung noch massiger in die Wohnzimmer drückt.
Wie die einschlägigen Verhandlungen abgewickelt werden, hat Konrad Lerch einmal am Beispiel von Götzis und seinem Hauptsponsor, einer Bank, ausgebreitet. Er führte aus: »Das ist ein knallhartes Geschäft auf Gegenseitigkeit. Dabei werden unsere Gegenleistungen genau definiert: bei der Bandenwerbung gute Plätze im Stadion, Nennung auf der Startnummer, im Schriftzug des Meetings, auf den Plakaten, im Briefkopf, auf den Programmen. Die Bandenwerbung werten wir via Videoaufzeichnungen aus. Wir teilen jedem Kunden mit, wie viele Sekunden er im Fernsehen präsent war.«
Aber es ist eigenartig, je mehr Geld aus den Fernsehhonoraren und über den Umweg der Bandenwerbung oder die Beschriftung der Startnummern (in Koblenz in 1985 zum Beispiel 50000 Mark) hereingewirtschaftet wird, um so höher schnellen die Ausgaben. Die Zürcher errechneten für das Sportfest von 1984 schon einen durchschnittlichen Kostensatz von rund 1000 Dollar pro Teilnehmer. Die US-Währung, nicht ohne Belang, ist die gültige Einheit. Als ihr Wert unter zwei Mark/Franken abrutschte, war es schon recht. Seit sie aber um und über drei Mark/Franken hinausragt, müssen die Veranstalter auf die Bremse treten.
Rudi Thiel schlug vor, einen Meeting-Dollar zu erfinden. »Schon in 1984 verrechneten wir mit eins zu 2,75 Mark, obwohl der amtliche Kurs bereits damals über drei Mark lag. Die Amerikaner haben das auch verstanden.« So besteht eine begründete Hoffnung, daß sich die Schraube nicht so lange dreht, daß sie eines Tages aus dem Gewinde herausfallen muß. Zumal mit der Einführung des Athletik-Fonds auch der Ostblock seine Zurückhaltung in den finanziellen Dingen aufgeben wird; laut Brügger macht dies einen zusätzlichen Brocken von 100000 Franken aus.
Aber wahr bleibt auch, daß man nicht skeptischer sein sollte als die Zeit, in der man lebt. Ganz im Gegenteil. Wenn es sie nicht gäbe, müßte man die internationalen Leichtathletik-Meetings erfinden. Auf der Stelle.

Wenn die Sterne festgenagelt werden

Es ist wieder der Mittwoch im August, der in Zürich der Leichtathletik zugeeignet ist. Vorher verzweigte Linien, die ihre Ursprünge an jedem Ort der Welt haben, laufen hier aufeinander zu, um für einen Flutlichtabend und eine halbe Nacht die bunte, vielfältige Einheit der Elite zu bilden.

Der Zeitgenosse saust mit seinen Beobachtungen zwischen den Fixpunkten hin und her, welche das Athletenhotel, der Novapark und das Stadion Letzigrund bilden. Die Zuschauer haben sich schon früh auf die Beine gemacht, und nun strömen sie an der selbsttätig schließenden Glastür vorbei, die das Drinnen vom Draußen trennt.

Die Lobby ist ein wimmelnder, lauter Basar. Ununterbrochen werden Menschen, die meisten in Trainingsanzügen, von den fünf Aufzügen ausgespuckt und wieder geschluckt. Es ist der Kreislauf des modernen Nomadenlebens. Eine Handvoll Autogrammjäger zwängt sich durch die Lücken der allein durch den Zufall entstandenen Ansammlungen, eine Videowand zeigt stumm ihre vier und mehr Programme. An der langen Bartheke, gleich hinter der Trennwand, steht und hockt der Troß der Alleswisser in Zweierreihen, er genießt und lärmt. Namen schallen durch die Halle, bekannte Namen. »Mister Juantorena, please come to the telephone!«

Hier laufen tausend Fäden zusammen. Der Pressetisch mit den druckfrisch gestapelten letzten Neuigkeiten ist ständig umlagert, und wie immer veranstalten die Italiener ihr wortgewaltiges Spektakel. Schräg gegenüber weisen Hostessen die Nachzügler in die Zimmer des Hotelkomplexes ein.

Plötzlich befällt eine schwunghafte Betriebsamkeit das Vielvölkergemisch. Der Aufbruch überfällt den Basar derart heftig, daß die Glastür minutenlang keine Gelegenheit mehr findet, den Schließmechanismus auszulösen. Es ist eine eigenartige Wallfahrt von selbstversunkenen Athleten, psychologisierenden Betreuern, Managern, die ausgehandelte Prämien noch einmal durchrattern, schwatzenden Reportern. Dazwischen mengen sich mit ihrer erwartungsvollen Neugier die hundert Gäste aus der Hochfinanz, der Wirtschaft und Politik, welche die Schweizerische Bankgesellschaft als Hauptsponsor (immerhin 220000 Franken) mit ihren Damen in eine der Lokalitäten im weitläufigen Gebäudeblock geladen hatte. Sie bilden die Gönner-Kategorie und besetzen die guten Plätze im Zielbereich.

Am 7. Juli 1959 schlug im Letzigrund die große Stunde des Martin Lauer: Mit 13,2 Sekunden lief er neuen Weltrekord über 110 m Hürden und durchbrach die Vorherrschaft der US-Amerikaner, die in dieser Disziplin jahrzehntelang dominiert hatten

Das Stadion ist wieder ausverkauft. Die Sitzplätze sind seit sieben Wochen weg. Es hatte wie immer einen Vorvorverkauf für die Leichtathletik-Freunde in den Klubs und einen Vorverkauf gegeben. Der durchschnittliche Eintrittspreis lag über dreißig Franken. Es können zusammen nur 26000 Sitz- und Stehplätze vergeben werden. Die letzten zweitausend Karten für die Stehränge gehen weg wie warme Semmeln.
»Es ist ein gesamtschweizerischer Anlaß«, sagt Res Brügger, der die rote Jacke des Direktors angezogen hat. Er sieht jetzt aber eher aus wie ein Jongleur, der nur noch hoffen darf, auch dieses Mal wieder seinen Abendstern an den Himmel festnageln zu können.
Noch läuft, seit 18 Uhr, das nationale Programm ab, aber die ersten Stars betreten schon den Innenraum, und während sie die ersten tastenden Schritte auf der Kunststoffbahn unternehmen, bricht von den Stehtribünen hinter den Start- und Zielkurven die erste heftige Beifallswoge über ihnen zusammen. Die amerikanischen Sprinter Steve Riddick und Steve Williams baten in ihren besten Zeiten darum, bei den 200-Meter-Rennen auf die äußeren Bahnen, sieben und acht, gesetzt zu werden. »Da glaube ich, die Leute betasten mich« – ein vorwärtstreibendes Schulterklopfen.
Hoch lebe der Augenblick! Die allgegenwärtige Seligkeit!
Es bedarf jetzt der größten Kraftanstrengung, sich durch die vielen Vorhänge, die auf dem Letzigrund für die Leichtathleten schon gegeben wurden, hindurchzukämpfen, um bis zu der Erkenntnis vorzudringen, daß die Heutigen auch nur auf den Schultern der Gründer stehen.
Die Urzelle entstand am 15. März 1922. Aus dem Fußball-Club Zürich hatte sich eine Leichtathletik-Sektion herausgeschält, mit 26 Mitgliedern. Als sich ihnen 61

Ein Bild aus der guten alten »Letzi-Grund«-Zeit: Dichtgedrängt bis an den Rand der Sprunggrube konnten die Zuschauer die Wettbewerbe miterleben – für Stimmung und die richtige Atmosphäre war gesorgt

Gleichgesinnte vom TV Alte Sektion Zürich anschlossen, am 2. Juni 1923, war die Abteilung schon nicht mehr übersehbar winzig. Im gleichen Jahr verkaufte der FCZ den Utogrund und mietete von der Stadt den »Letzi« an, und am 4. Oktober 1924 waren die Pläne schon so weit gediehen, daß sie in die Tat umgesetzt werden konnten: Im harten Frondienst entstand ein Stadion mit Hauptsportfeld, Trainingsplatz, Tribüne und Stehplatzrampen für 13000 Zuschauer sowie der ersten Aschenbahn. Mit vier Bahnen. Wer nicht mitanpackte, mußte fünf Franken Buße pro Tag abführen, wodurch die Zahl der Mitglieder von 150 auf 70 fiel.
Der arbeitsame Rest organisierte 1928 das erste internationale Sportfest, und man leistete sich sofort den aufsehenerregendsten Athleten, den die Zwanziger zu bieten hatten, Paavo Nurmi. Seitdem trägt es in der Erinnerung auch den Namen des ausdauernden Finnen. »Nurmi-Meeting«! Die Ansprüche waren also für alle Nachfolger von der Stunde Null an vorgegeben.
Im Jahr 1929 brannte die Tribüne ab, ein Jahr später stand sie wieder. Bis zur nächsten Auffälligkeit in den Annalen müssen wir nun vier Jahre warten. Am 9. April 1934 ist es soweit, daß die Leichtathleten den Stammverein verlassen. Sie bilden fortan den LCZ, und ihr Elan, der aus der Selbständigkeit erwuchs, war unübersehbar. Im Sommer 1935 begann sofort, mit Unterbrechungen, eine siebenteilige Veranstaltungsserie, die bis 1952 andauern würde. Namen wehen vorbei. Fuqua, der Indianer, Johnson, der sagenhafte Hochspringer, Bob Richards, der fliegende Pastor, Bob Mathias, the kid. Die Öffentlichkeit sprach von »Amerikaner-Meetings«.
In der Festschrift »50 Jahre LCZ« ist der nächste Fortschritt festgehalten: »Gestützt auf treue Garanten, die dem Klub einen

Teil des finanziellen Risikos abnahmen, begann 1958 nach einer mehrjährigen Unterbrechung – der Bau eines Zürcher Großstadions war vom Volk abgelehnt worden – die Serie der unvergeßlichen Meetings ›Weltklasse in Zürich‹.« Dank einer großen zweiten Tribüne erhöhte sich das Fassungsvermögen des Letzigrund auf 23000 Plätze, das Aschenbahn-Oval wurde auf sechs Bahnen ausgeweitet.
Als außerordentlich fruchtbar für den Neubeginn sollte sich die durch Klubkämpfe besiegelte Freundschaft zwischen dem LCZ und dem ASV Köln erweisen. Die ersten Schlagzeilen galten jedenfalls Manfred Germar und Martin Lauer. Eine hieß: »Wir waren wegen der Amerikaner gekommen und sahen zwei junge Deutsche.« Lauer lief am 16. Mai 1959 im Letzigrund und verbesserte seinen Europarekord über 110 Meter Hürden um zwei Zehntel auf 13,5 Sekunden. Bei dem großen Meeting am 7. Juli war er wieder zur Stelle, und diesmal hatte er ernsthaft zwei konkrete Weltrekordpläne im Kopf.
Der Düsseldorfer Journalist Gustav Schwenk berichtete als Zeitzeuge. »Nach zwei Vorlesungen für sein Maschinenbaustudium an der Technischen Hochschule in München war Lauer gegen Mittag nach Zürich geflogen. Dann schleppte er seinen Freund Walter Pensberger gleich mit an den Zürichsee. ›Mir ist angst und bange geworden, so ist der Martin mit mir herumgesegelt.‹«
Am Abend überrumpelte der Kölner besonders die Amerikaner, von 1932 an im Besitze des absoluten Maßes, als er mit 13,2 Sekunden die von Jack Davis und drei Landsleuten aufgepflanzten 13,4 deutlich unterbot. Und fünfzig Minuten später hob er über 200 Meter Hürden die Vorgabe von Charles Tidwell um ein Zehntel an, auf 22,5 Sekunden.
Mit der Distanz von 22 Jahren schrieb dazu der Hürdenläufer im Zürcher »Sport« vom 19. August 1981: »Zu Weltrekorden solcherart gehörte damals mehr als heute die gehäufte Gunst der äußeren Umstände: vor allem die Aschenbahn und ihr Platzwart, der niemals die guten Eigenschaften der Bahn ihrer Schönheit opferte. Dann der Termin – Anfang Juli –, wo alle Leichtathleten dieser Erde in Hochform sind und gleichzeitig in Zürich kalifornisches Klima herrscht, eine Wetterlage, die im Letzigrund wiederum Rückenwind garantiert.
So günstig standen die Sterne für Sprint-Weltrekorde nur etwa einmal in zwei Jah-

Armin Hary – der schnellste Mann der Welt!
Am 21. Juni 1960 durchraste er die 100 Meter in phantastischen 10,0 Sekunden – und das sogar zweimal. Beim ersten Versuch waren sich die Kampfrichter uneins – kein Problem für Hary, der Nerven bewies und auch im zweiten Lauf seine Leistung bestätigte

SBG-UBS
167
LCZ 1982
ASK
SBG-UB
163
LCZ 1982
STE
SBG-UB
178
178

ren. Und da war noch der Starter, der zuverlässig beim ›g‹ des ›fertig‹ schoß.
Als noch der 200-Meter-Hürden-Rekord fiel, war die Begeisterung so nachhaltig, daß ich mir tags darauf im besten Uhrengeschäft der Bahnhofstraße eine Uhr aussuchen durfte. Es gab zehn Prozent Preisnachlaß.«
Im nächsten Jahr waren Germar und Lauer unabkömmlich. Schwenk, der am Tag vor dem Sportfest angereist war, schlug Armin Hary als einen gleichwertigen Ersatz vor, und er bewies damit ein feines Näschen. Nach einigen Schwierigkeiten willigte der damalige Verbandssportwart Pollmanns in den Start ein. Am 21. Juni 1960 um 12 Uhr mittags. High noon. Die höchste Zeit. Eine Stunde danach bestieg der Sprinter in Frankfurt das Flugzeug, um 19 Uhr 25 stand er im Letzigrund in den Startblöcken und schnellte nach dem Schuß im »Hary-Start« nach vorn, der den Zuschauer immer in große Zweifel stürzte, ob er nun noch korrekt war oder schon nicht mehr. Am Ziel eingetroffen, wiesen die Stoppuhren der Kampfrichter 9,9 Sek., 9,95 und 10,0 aus. Auf einer Ersatzuhr deutete der Zeiger auf 9,8. Der Rückenwind hatte 0,6 Meter pro Sekunde betragen.
Armin Hary, der erste Mensch, der die hundert Meter in 10,0 Sek. durcheilte! Aber es nagte ein ungutes Gefühl. Wegen dieses Hary-Starts. Der Mann an der Startpistole, ein Neuling im Meeting, erklärte dem Schiedsrichter Lauf, er habe das Sprinterfeld zurückschießen wollen, doch sei er wie gelähmt gewesen.
In der allgemeinen Aufregung behielt die 23jährige Hauptperson einen kühlen Kopf. Hary wünschte einen zweiten Versuch. Nur noch zwei Gegner wollten ihn begleiten, sie waren auch nötig als Minimal-Staffage für die Anerkennung eines möglichen Rekordes. Diesmal übernahm der frühere Starter, der mit seiner Körperbehinderung eigentlich niemandem mehr hatte im Weg stehen wollen, das Kommando, und Hary raste auch jetzt, um 20 Uhr 15, so schnell die Zielgerade hinunter, daß die Uhren bei 10,0 Sek., 10,0 Sek. und 10,1 Sek. stehenblieben. Das machte als Endprodukt wieder 10,0 Sek., 2. Müller (Schweiz) 10,3 Sek., 3. Schüttler (Deutschland) 10,4 Sek. Rückenwind 0,9 Sek. Alles in Ordnung.
Die Zürcher schrieben von der »magischen Piste« ihres Letzi, und das einmal eroberte Stammpublikum wurde in all den folgenden Jahren gut unterhalten. 1962 sorgten 16000 für eine Schweizer Höchstmarke.

Henry Rono war Ende der 70er Jahre der unbestrittene König der Langstreckler. Innerhalb von 80 Tagen stellte er vier Langstrecken-Weltrekorde auf und war auch beim 5000-m-Lauf in Zürich nicht zu schlagen

1968 erhielt die magische Piste einen Kunststoffüberzug, den ersten in Europa. Trotzdem standen die Zeichen auf Sturm. Das Wort von der Krise setzte sich in Umlauf. Zu Beginn der siebziger Jahre: Veranstaltungspause. Zwei Stehplatzrampen entstanden. Aber, »praktisch erst in letzter Stunde konnten wir erreichen, daß der Letzigrund auf acht Bahnen ausgebaut wurde. Ohne unsere Intervention und die Einsicht des Stadtrats, der einen Zusatzkredit bewilligte, hätte Zürich den Anschluß an die internationale Leichtathletik wohl verloren.« Res Brügger war gerade Präsident geworden. »Das war meine erste Tat.«
Im Frühjahr 1973 trat sein Vorgänger Hermann Hofmann auch als Organisator zurück. Die Nachfolger scharten sich um den technischen Leiter Walter Hiemeyer. Der zeigte ihnen, wie's ging. Der Etat für den Auftakt der Crew, 160000 Franken, will im Abstand von zwölf Jahren scheinen, er sei leicht überschaubar gewesen. Nun ja, die Herren hafteten mit ihrem ganzen Risiko. Für das 1974er Sportfest verkaufte Brügger acht Meter Bande für 850 Franken. »Wir haben in der Steinzeit angefangen, und da wurde ich von überall her angegriffen.«
Sportlich gesehen zündete in der seither jährlichen Abfolge der Leichtathletikfeste ein Sprengschlag nach dem anderen. Am 6. Juli 1973 verbesserte der Amerikaner Rod Milburn endlich Lauers Weltrekord über 110 Meter Hürden um ein Zehntel auf 13,1 Sekunden. Jede epochale Leistung wird eines Tages von der Zeit eingeholt.
Als Alberto Juantorena über seinen polnischen Trainer um einen Freiplatz nachsuchen ließ, 1975, war er nur ein hoffnungsvoller Läufer, der sich für Montreal zu qualifizieren versuchte. Verletzungshalber konnte er an den Vorausscheidungen in Kuba nicht teilnehmen. Die zwei trafen früh in Zürich ein. Man veranstaltete am Wochenende für die zwei eine Schiffsfahrt über den Zürichsee, Freundlichkeiten, die sich zwei Jahre später noch auszahlen sollten.
Solche Organisatoren kämpfen wie die Löwen für ihre Meetings, und wenn sie einen Braten gerochen haben, packen sie zu und rücken ihn nicht mehr heraus. Wir sprechen jetzt von Mike Boits 800-Meter-Rennen in 1976 auf dem Letzigrund. Afrika, auch sein Land Kenia, hatte die Olympischen Spiele in Montreal boykottiert. Neuseeländische Rugbyspieler hatten ihre rohen Kräfte mit denen aus Südafrika gemessen, einem Land, das wegen seiner Apartheidpolitik aus der olympischen Bewegung ausgesperrt war und vorerst auch ist. Die Funktionäre von Schwarzafrika forderten daraufhin den Ausschluß der Neuseeländer von den Spielen in Montreal. Quasi in Sippenhaftung. Das IOC blieb hart, die Afrikaner verzichteten, und den langen Strom der einsamen Tränen brauchen wir nicht weiter zu erwähnen.
Mike Boit war gemeinsam mit Juantorena Favorit über 800 Meter gewesen. Als seine Funktionäre den Neuseeland-Boykott auf die internationalen nacholympischen Meetings ausdehnten, fügte er sich als einziger – und bedeutendster – nicht. »John Walker war vorher mein Freund, und ich sehe nicht ein, weshalb er es heute nicht mehr sein soll.« Das war seine Art der Argumentation. Söhne vom Stamm der Nandi sind die geborenen Individualisten.
Um ihn vom Start in Zürich abzuhalten, flogen zwei Botschaftsangehörige aus London ein. Brügger: »Ich habe Mike in eine Suite gesteckt und ihm gesagt, ›du trainierst nur, wenn es dunkel ist‹.« Den Herren erzählte man, ihr Landsmann sei gerade nach Schweden abgereist. Unverrichteter Dinge kehrten sie um. »Dann kam die schöne Sache. Wir gaben vor den 800 Metern alle Athleten bekannt. Nur Mike nicht. Wir hatten ein volles Haus. ›Und jetzt‹, rief unser Ansager, ›sehen Sie: Bahn acht ist noch leer. Auf ihr startet ein Athlet, den Sie besonders gern mögen – – – Mike Boit!!‹ Wir konnten den Lauf fünf Minuten nicht starten lassen.«
Der Kenianer mit dem fliehenden Schritt erzielte 1:43,90 Minuten und zeigte an, daß er für Juantorena gewappnet gewesen wäre, den er endlich 1977 antraf. Im Letzigrund. Es war das »unerhörte Duell«. Kein zweites kam ihm gleich. Der kubanische Delegationsleiter Figuerola hatte Juantorena für die 400 Meter eingetragen, er fürchtete Boit. Doch der Läufer korrigierte ihn. Brügger ist überzeugt, daß er es allein jener Startzusage, nach der sich Juantorena über 400 Meter qualifizierte, und der Seefahrt zu verdanken hatte.
Der Rennverlauf ist schnell erzählt. Juantorena übernahm die Führung, Boit direkt hinter ihm, und als sie in die Zielgerade einbogen, knickte der Verfolger in den Knien ein. Zuletzt lagen sie mit Zeiten von 1:43,6 und 1:44,6 eine Sekunde auseinander. Boit war nicht in seiner besten Form gewesen, doch er hatte sich gestellt und kein Wort darüber verloren. Es war auch um eine Stange Geld gegangen.

**Wer soll ihn schlagen?
Edwin Moses – auch in Zürich einer der beliebtesten und geachtetsten Athleten – blieb bei all seinen Starts im Letzigrund ungeschlagen**

NIKE
Bankgesellschaft
142
LCZ
Bankgesellschaft
140
LCZ 1981

»Er läuft mehr für sich als gegen andere«, wurde über Großbritanniens Mittelstrecken-Star Sebastian Coe einmal gesagt. So oder so sind seine Leistungen grandios. Bei diesem Lauf am 19. August 1981 lief er mit 3:48,54 Minuten einen neuen Meilen-Weltrekord – seine vierte Bestmarke innerhalb von zehn Wochen

»Juantorena lief Boit k.o.«, titelte der »Sport«.
Weshalb die Beschreibung dieser Mittelstreckler in der Ausführlichkeit? Sie waren dem Ideal nahegekommen, wie es den Sportsfreunden vorschwebt, wenn sie träumen dürfen. Dem Kampf Mann gegen Mann, mit offenem Visier, im Bereich der absoluten Leistungsgrenze. Der Kubaner hatte seine Höchstmarke nur um eine Zehntelsekunde verfehlt. Außerdem halfen sie mit allen Leibeskräften mit, die Meetings groß zu machen.
Mit Sebastian Coe dämmerte 1979 die Zeit des einsamen Rekordjägers herauf, des Strategen in eigener Sache. Die Ansicht setzte sich durch, daß es die hingedrechselten Weltrekorde seien, welche die Meetings trugen. Eine Zeiterscheinung. Die Veranstalter fühlten sich bestätigt durch die vollen Häuser. Die Zukunft mag irgendwann die Rückkehr zur alten Sitte wie von alleine einleiten, wenn eines Tages die Rekorde so hoch hängen, daß nur jeder hundertste, der nach einem schnappt, Erfolg haben wird. Auch die Ansprüche an die Organisatoren stiegen. Bei jedem Schritt voran sollten sie nach Möglichkeit immer zwei Stufen auf einmal nehmen.
»Ich darf«, sagt Brügger, »auf eine weitere gute Tat hinweisen. Ende der siebziger Jahre habe ich gesehen, daß wir kaum weiter dabeisein könnten, wenn wir nicht die Zahl der Sitzplätze erhöhen würden. Ein entsprechendes Projekt wurde vom Gemeinderat der Stadt Zürich abgelehnt. Die Aktiv-Mitglieder des Klubs sammelten über 8000 Unterschriften von stimmberechtigten Bürgern, die das Projekt befürworteten. Damit erzwangen wir eine Volksabstimmung. Wir pokerten hoch und gewannen. Mit 68000 Ja- gegen 52000 Nein-Stimmen genehmigte das Zürcher Stimmvolk das 10-Millionen-Projekt. Eine äußerst gelungene Werbung und die große Sympathie, die dem ›Internationalen‹ entgegengebracht wird, dürften den Ausschlag für das Resultat gegeben haben.«
Im Jahr 1983 war auf der Gegengeraden die Tribüne mit 5218 Sitzplätzen fertiggestellt. Sie ergaben mit denen auf der alten Tribüne 11754, und damit konnte man existieren.
Sebastian Coe aus Sheffield lief zwei Weltrekorde, den ersten am 15. August 1979 – 3:32,09 Minuten über 1500 Meter –, den zweiten am gleichen Tag zwei Jahre später – 3:48,53 über die Meile. Beim letzteren hatte er sich die Aufmerksamkeit mit dem amerikanischen Hürdensprinter Renaldo Nehemiah zu teilen, der über die 110 Meter die 13-Sekunden-Barriere als das höchste Hindernis seiner Branche übersprang und 12,93 Sekunden gutschreiben ließ. Die Zahl thront bis heute auf dem höchsten Sockel, wie auch die 3:52,47 Minuten, welche die sowjetische Olympiasiegerin Tatjana Kasankina über 1500 Meter am 13. August 1980 erzielte.
Das »Weltklasse in Zürich« war jetzt ein Selbstläufer. Daß 1982 und 1983 keine Weltrekorde purzelten, tat der Stimmung keinen Abbruch. Stoff, aus dem die reizvollen und merkwürdigen Geschichten sind, bot sich zur Genüge an. Nachdem Carl Lewis erklärt hatte, die Letzigrund-Weitsprunganlage gehöre zu einer seiner liebsten, wurde der offene Eingang zum Zuschauerblock am Ziel mit einem Plexiglas-Vorhang abgedichtet, auf daß der Wind nicht durch den Tunnel pfeife und dem Amerikaner womöglich noch ins Gesicht. Da er 8,58 Meter erreichte und nicht die 8,90 des Bob Beamon, zog eine leise Enttäuschung durchs Gemüt. Kundige wiesen darauf hin, daß auf europäischem Boden noch kein Mensch so weit in eine Sandgrube geflogen sei.
Eine ähnliche Anmerkung verdienten andernjahrs die 9,97 Sekunden über 100 Meter durch Calvin Smith, einem stillen, freundlichen US-Studenten. »Flachland-Weltrekord!« Der einzig wahre! Aber halt keiner, wie ihn der internationale Verband anerkennt.
Ansonsten war es so, daß die Stars fleißig den Rahm abschöpften. Ed Moses glänzte mit 400-Meter-Hürdenzeiten von 47,64 und 47,36 Sekunden, Coe lebte sich weiter aus und schaffte Siege über 800 und 1500 Meter mit 1:44,48 und 3:32,19 Minuten, Smith brachte am 24. August 1983 Lewis dessen vorerst letzte Niederlage im Freien bei und nannte nach dem Zweikampf über 200 Meter (19,99 gegenüber 20,21 Sekunden) den Stolzgeschwellten »Showboat«.
Die magische Piste wurde auch am 22. August 1984 wieder ihrem Ruf gerecht. In einem Duell, das eine würdige Parallele zum Juantorena-Boit-Klassiker darstellte, wirbelte die Olympiasiegerin Evelyn Ashford der Weltmeisterin Marlies Göhr auf den letzten zehn Metern des kurzen Sprints davon und stellte mit 10,76 Sekunden einen phantastischen Weltrekord auf, der durch die 10,84 der Unterlegenen nur noch mehr glorifiziert wurde. Hatte die Jahre vorher der Gegensatz der Systeme bis in ihre hitzigen Wortgefechte hineingereicht,

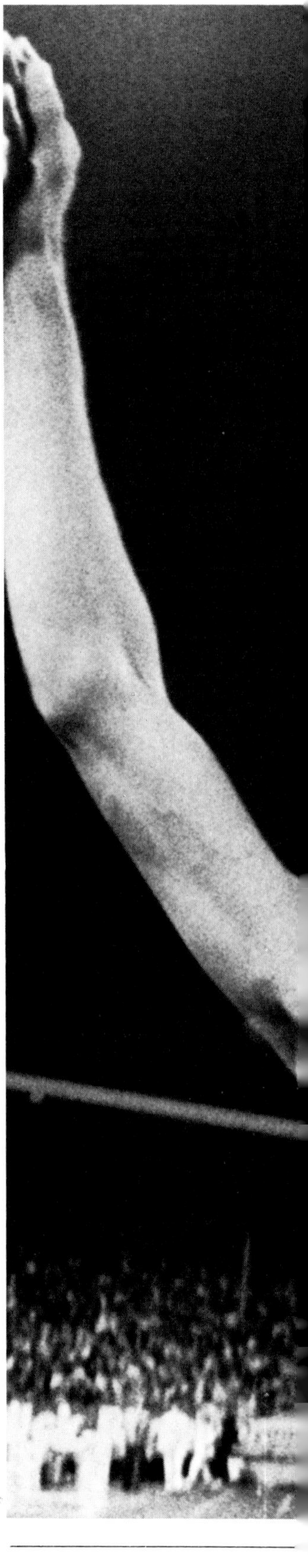

Zwei strahlende Weltrekordler: Sebastian Coe (links) und Renaldo Nehemiah setzten 1981 die Glanzlichter eines großen Leichtathletik-Abends

Bild Seite 28/29:

19. August 1981: Als erster Mensch unterbietet der amerikanische Hürdensprinter Renaldo Nehemiah die 13-Sekunden-Barriere über 110 m Hürden. Mit 12,93 Sekunden erzielt er einen Weltrekord, der seiner Zeit weit vorauseilt

Carl Lewis (rechts) war 1984 im Letzigrund nicht mehr zu schlagen. »Carl der Große«, der vierfache Goldmedaillen-Gewinner von Los Angeles, ließ in 10,0 Sekunden Osvaldo Lara (Kuba), Stefano Tilli (Italien) und seinen US-Landsmann Emmit King (v. l.) nicht den Hauch einer Chance

drückte sich jetzt, nach dem Rennen, ihrer beider Erleichterung in feinen Artigkeiten aus. »Sie ist eine Lady«, lächelte die Amerikanerin zur Ostdeutschen hinüber.

Es soll niemand glauben, alle Athleten seien unter einen Hut zu bringen. Auch in Sternstunden tun sich schwarze Löcher auf. Brügger einigte sich mit Moses und Hochspringer Dietmar Mögenburg nicht über die Gage. Der marokkanische 5000-Meter-Olympiasieger Said Aouita mußte auf die Meile ausweichen, weil Coe über 1500 Meter ungestört seinen Weltrekordplänen nachgehen wollte. Es wallte böses Blut. Selbstbewußt und kraft seines Amtes verteidigte der Direktor den Entschluß. Coe scheiterte mit 3:32,39 Minuten.

Wohlig war's dagegen bei dem Viertelstündchen der Nostalgie. Juantorena, Boit und John Walker, dessen Wert Mitte Februar 1985 bei seinem hundertsten Meilenlauf unter vier Minuten erst so recht zur Geltung kommen würde, erhielten feierlich die Ehrenmitgliedschaft im LCZ verliehen.

Eine Neuerung hatte es unterdessen auf dem »ordnungspolitischen« Gebiet gegeben. Seit Beginn des Jahres 1984 ist der Verein für Großveranstaltungen Leichtathletik-Club Zürich eingetragen. Brügger hatte den Vorsitz im Gesamtverein niedergelegt, um sich mit seinem imponierenden Mitarbeiterstab – dem Persönlichkeiten aus Sport und Wirtschaft wie Hans Hellmüller und Jora Fuchs, um nur zwei zu nennen, angehören, echte Schweizer Präzisionsarbeit allenthalben – ausschließlicher, als es ihm vorher möglich war, der Organisation des Meetings zu widmen. Die Quelle, die inzwischen für den Verein eine Million Franken Gewinn abwarf, soll munter weitersprudeln.

Im Letzigrund leeren sich die Ränge. Auf Wiedersehen in zwölf Monaten. Der Novapark füllt sich kurz vor Mitternacht wieder auf. Brügger und sein Team dinieren in einem der Restaurants mit geladenen Gästen. Der große Haufen verpflegte sich an einer reich gedeckten Tafel im Festsaal des Hotels. Später fließen in der Lobby die Ströme wieder ineinander. Die Enge wird drangvoll, der Lärm ist gewaltig. Schulter an Schulter stehen Debattiergrüppchen herum. »Kopf hoch!« und »Super, Spitze, gratuliere!« Zuspruch und Gunst werden gleichmäßig verteilt. Auf einer Tafel heischen die Abfahrtszeiten der Busse zum Flughafen Kloten um Aufmerksamkeit. Morgen, in aller Herrgottsfrüh, wird die Karawane weiterziehen.

Mal Hecht, mal Karpfen

Wuchtig treibt Joaquim Cruz seinen raumgreifenden Schritt nach vorn. Der 21 Jahre alte Olympiasieger aus Brasilien feierte als der neue Läuferstar mit seinen mutigen Tempoläufen 1984 überall, wo er antrat, wahre Triumphe

Man stelle es sich einmal vor: Die besten Veranstalter von Leichtathletik-Sportfesten wären Pretiosen-Händler, und sie verfügten über das kostbare Geschmeide aus der seltenen Kollektion »Weltrekord«. Was wäre ihr sehnlicher Wunsch? Nun, es nach Gunst und Neigung an Persönlichkeiten veräußern zu dürfen, die ihnen ans Herz gewachsen sind.

Einen Weltrekord schiebt man nicht gedankenlos über den Tisch, solch eine Erlesenheit gibt man nicht ohne eine Gefühlsregung aus der Hand. Da schaut man sich den Empfänger vorher genau an, ob er auch wirklich der Vision und der Idee, in welche ein Weltrekord so liebend gern eingehüllt ist, gerecht wird.

Die Gedanken treiben wie von alleine in diese bestimmte Richtung hinein, wenn sie sich mit dem freundschaftlichen Verhältnis beschäftigten, das zwischen Res Brügger und Sebastian Coe entstanden ist. Spätestens seitdem der Brite am 15. August 1979 im Letzigrund mit der Zeit von 3:32,03 Minuten einen Weltrekord über 1500 Meter erzielt hatte, war zwischen dem Veranstalter und seinem Star eine ins Familiäre gehende Beziehung gewachsen.

Vorher und nachher hatte Coe Weltrekorde wie am Fließband aufgestellt. In Oslo war er 1979 1:42,33 und 3:49,0 Minuten über 800 Meter und die Meile gelaufen, und die nächsten Streiche folgten 1980 wieder in Oslo mit einer 1000-Meter-Höchstleistung von 2:13,4 sowie 1981 – in dem wir uns gerade befinden – im Juni und Juli mit eindrucksvollen Nachbesserungen auf Leistungen von 1:41,73 und 2:12,18 Minuten, jetzt in Florenz und... Oslo. Aufgelistet werden muß in diesem Zusammenhang sein Olympiasieg über 1500 Meter in Moskau, aber auch die herbe Niederlage im olympischen 800-Meter-Finale gegen seinen Rivalen Steve Ovett.

Sebastian Coe hatte also in mancher Lokalität eine heiße Sohle aufs Parkett gelegt, doch fühlte er sich von keiner verlockender angezogen als vom Letzigrund. In einer Leser-fragen-Sportler-antworten-Aktion des Zürcher »Sport« hatte er schon Mitte August 1980 mitgeteilt: »Zürich ist einfach d a s Meeting des Jahres, ja sogar das Ereignis der Saison. Und selbst an Olympia tröstete der Gedanke, daß man bald in Zürich landen und sich auf die Letzigrund-Ambiance freuen durfte: Wer in Moskau war, weiß, was ich damit meine. Für mich steht jetzt schon fest: Ich werde 1981 wieder hier am Start sein.«

Der Termin für »Weltklasse in Zürich«, der 19. August, rückte näher. Endlich einen Sommer lang befreit von der Drangsal, welche Meisterschaften auf die Psyche auszuüben pflegen, liefen die Brügger/Coe-Planungen auf das unerhörte Vorhaben hinaus, innerhalb eines Rennens die zwei Weltrekorde über 1500 Meter und die Meile brechen zu wollen, ein Ziel, das, gelänge es, Coe mit einem Schlag die Rolle des Pioniers seiner Ära zuweisen würde. Daß ausgerechnet Ovett, der diese beiden Rekordmarken in seinem Besitz hielt, der Leidtragende sein sollte, konnte den Reiz nur erhöhen.

Coe quartierte sich eine Woche vor dem Ereignis in Brüggers Haus ein. Der Letzigrund lag dort unten in der Stadt; er erhielt mit jedem neuen Tag ein wenig mehr die Vertrautheit eines Vorgartens. Der Läufer Coe liebte diese Art von Vorbereitung. Sein Landsmann Steve Cram, 1982 der Europameister über 1500 Meter, sagte einmal über ihn: »Er reist nicht im Mannschaftsbus, er benutzt ein eigenes Auto.« Und der Amerikaner Sydney Maree legte das Charakteristische des Einzelgängers mit der Anmerkung frei: »Coe läuft mehr für sich als gegen andere.«

Es ist dies die eigene Welt eines jungen Mannes mit elitärem Bewußtsein und Anspruch.

Coe hat nie mit Gleichaltrigen, mit Jüngeren schon gar nicht, fraternisiert. In jedem Eßsaal würde er am Vorstandstisch Platz nehmen, höflich an all den übrigen Weltrekordlern und Olympiasiegern vorbei dorthin komplimentiert. Er verfügt dabei über die geschliffensten Umgangsformen, die er paart mit überdurchschnittlicher Intelligenz.

Das Selbstbewußtsein, das aus den Weltrekorden kommt und zur zweiten Natur wird, verlor sein gewohntes Katz-und-Maus-Spielerische nur angelegentlich, wenn der sonst bestellte Tempomacher als der verläßliche Lotse hin zur pole-position plötzlich ausfiel; dann war Coe nicht mehr der Hecht, sondern nur noch ein Karpfen, wiewohl ein ganz kapitaler. So war es in den Titelkämpfen der Fall.

Diese Anmerkungen haben allerdings Marginalien zu bleiben, sobald wir zu unserem Thema zurückkehren, zu den Weltrekordvorhaben, die Coe in den drei Sommern von 1979 bis 1981 achtmal per Saldo mit einem Plus abschloß.

Ich glaube, daß ebenso wie der junge, strebsame Brite auch sein Lieblingsveran-

CORPORE
SBG-UBS
80
F

stalter Res Brügger Sinn und Gespür für Hierarchien besitzt, was bei einem leitenden Direktor eines Rückversicherungsunternehmens in der Bankerstadt Zürich nicht überraschen kann. Ging es um die Verwirklichung von Rekordunternehmen – der Ausdruck aus der Geschäftswelt taucht nicht aus purem Zufall auf –, nahm das Tandem Anleihen beim Straßenradsport auf, wo die Rennställe allein Auge und Ohr für den Kapitän haben. Die Wasserträger – in der Industrie würde man wertneutraler »die Zulieferer« sagen – ordnen sich unter. Oder ehrenwert: Sie ordnen sich ein.

Coe wünschte die Rennen nach seinem Zuschnitt. Sein Anspruch hatte immer etwas Selbstverständliches an sich, und er erinnerte damit an eine Begebenheit, die der Fotograf Norbert Seiffert vom Ende der zwanziger Jahre nachzuerzählen weiß. Otto Peltzer, Weltrekordler im 1500-Meter-Lauf, er war bei 3:51,0 Minuten angelangt, jener »Otto der Seltsame« stellte vor einem Wettkampf in Berlin plötzlich fest, daß er seine Rennschuhe vergessen hatte. Daraufhin ging er seelenruhig zu einem Konkurrenten und sprach ihn an: »Gib mir deine Spikes!« »Aber dann kann ich doch selber nicht mitlaufen!« »Du gewinnst doch sowieso nicht«, bekam er zur Antwort, »aber ich!«

Von dem früheren deutschen Hochspringer Thomas Zacharias stammt das Wort von der Hybris, ohne die der Athlet nur Durchschnitt bleibt.

Die starke Leistungsorientiertheit Coes drückte sich am Nachmittag jenes 19. August in Zürich schlüssig in dem Verlangen aus, der seinerzeit drittbeste Meilenläufer der Welt, Mike Boit, solle ihm als »Hase« über die schwierige dritte Runde helfen. Kratzt man erst einmal alles Gefühlsbetonte weg – Boit, der Publikumsliebling; Boit, der Ältere, was für Afrikaner schwer ins Gewicht fällt, denn niemals darf der Jüngere Forderungen stellen! –, so konnte die nackte, die geschäftsmäßige Logik gar kein anderes Ansinnen stellen.

Boit hatte sich eine Woche in Magglingen auf die Meile einstimmen können. An zwei Tagen trafen sich die ungleichen Läufer zu gemeinsamen Trainingssessionen. Auch der als Tempomacher gewonnene Amerikaner Tom Byers bereitete sich in der dichten, fast lautlosen Atmosphäre auf seine Aufgabe vor, bis zur 800-Meter-Marke das ideale Tempo zu finden. Die Investitionen waren der Bedeutung des Anlasses angepaßt.

22. August 1984: Siegerehrung nach einem denkwürdigen Rennen: Evelyn Ashford, die Olympia-Siegerin, hat über Marlies Göhr aus der DDR, die Weltmeisterin, triumphiert. Sie hat nicht nur Revanche für ihre verletzungsbedingte Niederlage bei den Weltmeisterschaften in Helsinki genommen, sondern mit dem sensationellen Weltrekord von 10,76 Sekunden auch nachdrücklich bewiesen, wer im Olympiajahr die Nummer 1 in der Welt ist

Doch Boit lehnte nach langen inneren Kämpfen zuletzt Coes Wunsch ab. Er folgte der angestammten, der afrikanischen Rangordnung. Er hatte eine andere Muttermilch getrunken. Sein Wunsch wurde respektiert.

Es muß gesagt werden, daß Tom Byers nach dem Startschuß um 22 Uhr die erforderliche Präzisionsarbeit nicht ganz leistete. Seine Zwischenzeiten betrugen 56,13 Sekunden für 400 Meter und 1:53,59 Minuten für 800 Meter. Nach 960 Meter scherte er aus, und der Kandidat selbst mußte das Kommando übernehmen. Die 26000 auf den Rängen peitschten ihn weiter, und aus dem Pulk des zunächst geschlossenen, die Staffage bildenden Feldes löste sich Boit, der bis eingangs der Schlußrunde den Rückstand auf fünf Meter verringerte.

Der Führende ahnte instinktiv die Gefahr, und jetzt ereignete sich die gleiche gefürchtete, aber schließlich doch erst die tiefe Zufriedenheit verheißende Situation, die auch Steve Ovett und Edwin Moses bei ihren Koblenzer Weltrekorden erlebten. Der Jäger draußen gewahrte hinter sich die heranhetzende Meute, die Wildbahn war nun wieder frei und er ungeschützt. Weder Ovett und Moses noch Coe hatten in ihren Plänen derartige Verwicklungen vorgesehen. Wer möchte auch freiwillig das Umschlagen des Rekordversuchs in einen lausigen Wettkampf in seine notwendigerweise ichbezogenen Kalkulationen einbeziehen? Niemand.

Coe floh und flog, er bolzte die vorletzten 200 Meter in 27,2 Sekunden herunter, und wohl erreichte er die 1500-Meter-Linie zu spät, statt wie vorgesehen nach wenigstens 3:31,35, einem Hundertstel diesseits von Ovett, erst nach 3:33,27 Minuten. Aber weil der Meilenrekord noch recht »weich« war, genügten 109,34 Meter weiter die 3:48,53 Minuten zur Ausrufung des neuen Weltrekords.

Boit brachte es, die Beine drohten auf den letzten Metern wegzuknicken, auf 3:49,74 Minuten. Afrikarekord.

Am 26. August gab Ovett in Koblenz seine Antwort. Sie hieß 3:48,40. Aber Coe blieb in Fahrt, und zwei Tage darauf hob er den Grenzwert auf 3:47,33 Minuten an. Boit hatte wieder in seinem Nacken gesessen, noch hartnäckiger als in Zürich, bis 1500 Meter war nichts entschieden gewesen. Der Brite entzog sich schließlich der herannahenden Gefahr mit großer Klasse.

Sebastian Coe stellte zwischen dem 10. Juni und dem 28. August 1981 vier Weltrekorde

auf. Keiner ahnte, daß es seine letzten Höhenflüge bis einschließlich 1984 bleiben würden, zumal schon von Zeiten unter 3:30 und 3:45 Minuten die Rede war. Das Fließband stand still.
Nach den Hetzjagden signalisierte der fragile Körper sein existentielles Bedürfnis nach Ruhe. Bei den Europameisterschaften in Athen 1982 verlor Coe gegen den Deutschen Hans-Peter Ferner, zur Weltmeisterschaft in Helsinki 1983 trat er nicht an. Erst beim Olympiasieg im 1500-Meter-Lauf in Los Angeles herrschte zwischen dem drängelnden Geist und dem Fleisch die Harmonie, welche nur den wenigen Siegläufern zufällt.
Der erfolgreiche Lauf von Zürich, bei dem er erst über den Sieg den Rekord rettete, hatte den Reifeprozeß eingeleitet. Er war deshalb – ein Meilenstein.

Hammerwerfer mit Sonnenschirm

Aller Anfang ist schwer, und ein Neuanfang ist es nicht minder.
Der Letzigrund war umgebaut worden, 1970 und 1971. Im nächsten Jahr schnupperte sich der Organisationsstab des LCZ mit einem Länderkampf gegen die Bundesdeutschen – die 16 Jahre alte Ulrike Meyfarth deutete mit dem Rekordsprung von 1,85 Meter schon zaghaft auf ihren Olympiasieg hin, Liesel Westermann stellte mit der Weite von 64,96 Meter ihren letzten Weltrekord im Diskuswerfen auf – vorsichtig an die Zuschauer heran, und 1973 wollte man dann wieder auf der Höhe sein.
Wie viele würden ein »Billett« kaufen? »Es war eine gewagte Sache.« Brügger bewundert im nachhinein gerne noch einmal den Mut, den sie eingegangen waren, die Creme der Leichtathletik auf den bloßen Verdacht hin einzuladen, daß ihr Fahr- und Verzehrgeld schon in der Kasse klingeln würde. Die 9000, die schließlich kamen, sahen im Stadion wahrhaftig nach wunderbar viel Volk aus, weshalb man alle paar Meter, wo gerade ein Mitarbeiter stand oder ging, die Steine von den Herzen fallen hören konnte.
Die Mühe der Vorbereitung hatte sich ausgezahlt. Schade nur, daß sie diesen Gedanken nicht ganz fest mit den Händen zu fassen kriegten, sondern daß er sich in der Minute sofort wieder verflüchtigte, in der ein heftiger Regen herunterzuprasseln begann. Jetzt fielen ihnen auch schnell ihre planerischen Mängel siedendheiß ein. Die Kampfrichter, Werfer und Springer, die bekanntlich länger auf dem Platz zu tun haben als die Läufer, wurden bis auf die Haut durchnäßt. Sie konnten sich nirgendwo unterstellen, es sei denn in den Durchgängen unter der Tribüne, was sie taten. Aber dort waren sie doch ein bißchen zu weit vom Wettkampfgeschehen entfernt.
Nichts ging mehr. Oder sprang und warf.
Was tun, wenn Zeus seine Zeichen aus trübem Himmel nach unten schickt? Eventuell kapitulieren. Mit der Begründung: höhere Gewalt. Die Zürcher waren selbstverständlich nicht die Art von Männern, die sich den Kram gleich beim ersten Hieb aus der Hand schlagen ließen.
Brügger trommelte nach dem ersten Schreck sofort seine Freunde, die Hammerwerfer und Kugelstoßer, zusammen und zog mit ihnen los in die Badener Straße, wo sie ihre Muskeln wieder spielen lassen durften. Brügger requirierte nämlich nach hastigem Vortrag bei den verdutzten Eigentümern kurzerhand die vor den schicken Geschäften, Cafés und Boutiquen stehenden Sonnenschirme, die mit den praktischen Betonfüßen, und bald waren sie verfrachtet und im Letzigrund an den verschiedenen Stellen aufgespannt.
»Ich hatte nur noch eine brennende Sorge: Kommen die Kampfrichter wieder raus, oder kommen sie nicht wieder raus? Es waren bange Minuten für uns. Der Erfolg des Meetings hing von der Beantwortung dieser Frage ab.« Brügger atmet durch und sagt: »Sie kamen.«
»Die technische Organisation klappte hundertprozentig. Außerdem tat uns Emiel Puttemans den Gefallen, fast einen Europarekord zu laufen. So hat sich das dann weiterentwickelt.«
Ach ja, die händeringenden Menschen vom Fernsehen hätte fast der Schlag getroffen, als sie das Aufstellen der Schirme verfolgten. Einer baffte: »Das ist Schleichwerbung!« Dieser Vorwurf war zu jener Zeit in seiner Qualität ungefähr mit der Vertreibung von Adam und Eva aus dem Paradies gleichzusetzen. Dem Mann mißfielen die dick aufgemalten Schriftzüge auf dem Tuch.
Die Schirme blieben.
Es wird die letzte Reklame in einem Stadion gewesen sein, die nicht berechnend – und berechnet – war.
Schlimm ist es, wenn einem die glänzenden Leistungen eines anderen Athleten in den Kopf steigen und von dort sich lähmend verbreiten über die Nervenstränge, von wo aus sie ihren schädlichen Einfluß auf die Muskeln ausüben.
Werde wesentlich! Der Diskuswerfer Werner Hartmann stand im Ring, bereit für ein bißchen Aufmerksamkeit, als Rosemarie Ackermann beim ISTAF 1977 als erste Frau die zwei Meter im Hochsprung meisterte.
Er stand auch im Ring, als Sebastian Coe bei »Weltklasse in Zürich« 1979 mit der Zeit von 3:32,02 Minuten den Weltrekord über 1500 Meter verbesserte.
Wir möchten uns wirklich vor Wiederholungen hüten, müssen andererseits aber doch darauf bestehen, den bärtigen Bayern schon wieder im Ring entdeckt zu haben, inzwischen bei »Weltklasse in Zürich« 1981, als abermals jener Coe die Meile nach 3:48,53 Minuten beendete. Übrigens – doch Sie wissen ja schon Bescheid –, in Weltrekordzeit.
»Da läßt du den Diskus fallen. So abgebrüht ist kein Mensch.«
Später, als alles endlich wieder seinen nor-

malen Gang nahm, sprach der Diskuswerfer: »Allein um in Zürich dabeizusein, würde ich noch hundert Mark mitbringen.« Hier das Feilschen der Stars, dort das Lustprinzip der übrigen Könner. Die Froschperspektive besitzt im Vergleich zu der des Vogels wenigstens einen wesentlichen Vorteil. Sie ist erdverbunden.

Henry Rono war 1978 »der Mann, der nicht langsam laufen konnte«. In achtzig Tagen stürmte er um den Erdball und stellte vier Weltrekorde auf. Ein Organisator, der den höchsten Ansprüchen genügen wollte, mußte den Kenianer seinem Publikum vorzeigen.

Nun hatte Brügger das Pech, daß erst kurz vor seinem Meeting im kanadischen Edmonton die Commonwealth-Spiele abgewickelt worden waren, bei denen Rono über 3000 Meter Hindernis und 5000 Meter siegte, und auch weil der Langstreckler danach von seinem Präsidenten Jomo Kenyatta mit dem hohen Staatsorden »Flammender Speer« ausgezeichnet werden sollte, stand als nächste Station auf dem Terminkalender eher die Hauptstadt Nairobi als Zürich. Henry mußte schließlich daheim die Nationalfahne wieder abgeben; an den Brauch hatten sich die stolzen Ostafrikaner seit den Olympischen Spielen von Tokio 1964 gewöhnt.

Auf der langen Rückreise im Letzigrund mal kurz vorbeischauen, fand Gentleman Mike Boit eigentlich überhaupt nicht so schlimm wie zum Beispiel seine Funktionäre. Die hatten den Athleten deshalb vorsorglich die Reisepässe abgenommen. Mike pochte daraufhin auf die Demokratie und sein Alter. Er verpfändete auch sein Wort. So durfte er mit vier anderen ausfliegen.

Und Rono? »Wir haben ihn wie eine Stecknadel gesucht. Als wir mit dem Taxi in letzter Minute vom Quartier abfuhren, war er nicht da, er muß wohl in der Stadt unterwegs gewesen sein.«

Das Zürcher Sportfest fand am Mittwoch statt. Brügger: »In der Nacht von Montag auf Dienstag habe ich kein Auge zugemacht. Nur telefoniert mit Kanada.« Den Veranstalter in Edmonton gefunden, brachte er ihn so weit, eine Privatmaschine aufzutreiben, in welche Henry tatsächlich gesetzt und nach Calgary gebracht wurde. Als das nächste Problem stellte sich heraus, daß das kleine Flugzeug erst eintreffen würde, wenn das große Flugzeug von Calgary aus schon seit einer halben Stunde in der Luft mit Kurs auf London sein würde. Dies galt es zu verhindern, und Brügger suchte deshalb sofort Anschluß bei der betreffenden Fluggesellschaft, wo er bei einer Miss Jackie landen konnte. »Ihren Namen werde ich nie vergessen. Ich wußte, daß es normalerweise ein unmögliches Unterfangen war, ein Verkehrsflugzeug dreißig Minuten lang zurückzuhalten, nur weil der Henry noch auf die Maschine sollte. Aber ich versprach Miss Jackie alles. Riesige Blumensträuße, Schweizer Pralinen. Immer wieder rief ich an, und auf einmal sagte sie: ›Mister Brügger, you are lucky. The captain is a friend of mine.‹ (Herr Brügger, Sie haben Glück. Der Kapitän ist ein Freund von mir.) Der hat eine halbe Stunde gewartet. Um zwei Uhr mittags traf Rono hier ein.«

Er lief abends mit der Zeit von 13:16,12 Minuten für die 5000 Meter, aufreizend überlegen, seine Gegner aus den Schuhen. Den Schweizer Markus Ryffel, kein Schlechter, wie die olympische Silbermedaille von Los Angeles zeigte, fragte Rono während dem Lauf: »Wie heißt du?«

Die Fahne wurde Henry einige Tage später auch noch los.

Natürlich ist das Essen bei den Banketts überall formidabel. In Zürich braucht der Organisator die reich gedeckte Tafel nur mit sechs Franken pro Gedeck zu bezuschussen: Die rechte Ansprache verschafft den richtigen Sponsor.

Ja, es sind Tafelfreuden, denen sich die hungrigen Athletenmägen gegenübersehen.

Daß der Service das Gastmahl einschließt, ist so selbstverständlich nicht. Die amerikanischen Sportler sind es von ihren Hallenmeetings zwischen New York und Los Angeles her eher gewohnt, nach dem quittierten Empfang ihrer Spesen und Gagen um die Ecke zum nächsten Hotdog-Stand zu marschieren. Auf eigene Rechnung.

Res Brügger ist stolz auf seine Meeting-Verwaltungsstruktur. »Jeder handelt auf seinem Gebiet absolut selbständig.« Er hat von allen Veranstaltern den meisten Spaß am generalstabsmäßigen Planen.

Sie müssen unbedingt genannt werden: Adrian Sulzer, der Stabschef, Hans Hellmüller, der technische Leiter, Jörg Fuchs, der Finanzchef, Armando Garganigo, der Pressechef.

Sämtlich sind sie tätig an verantwortungsvollen Posten in der Wirtschaft. Das Zürcher Meeting zapft grundsätzlich das Beste vom Besten an.

· ISTAF · BERLIN ·

Tradition im besten Sinne
verkörpert das ISTAF von Berlin.
Das Meeting hat sich – entstanden nach den
umstrittenen Olympischen Spielen von 1936 in Berlin –
zu einem weltoffenen Ereignis entwickelt,
dem die Zuschauer
seit vielen Jahren die Treue halten.
Sie vermitteln im alten Olympia-Stadion
die einzigartige Atmosphäre

Ein Freiraum für die Träumer

Der legendäre Sprinter und Weitspringer Jesse Owens: eine einzigartige Dokumentation seines Starts zum 100-m-Lauf (oben). Ein nachdenklicher Jesse Owens – im Weitsprung schaffte er die Qualifikation für das Finale der Olympischen Spiele 1936 nur knapp, nachdem er zweimal übergetreten war. Der Deutsche Luz Long beruhigte ihn, gab ihm für den Absprung entscheidende Tips (unten rechts). Einen ganz anderen Jesse Owens erlebte Paris 1951. Als Begleiter der berühmten Basketball-Mannschaft Harlem Globetrotters war er in die französische Hauptstadt gekommen – 15 Jahre verändern jeden Menschen

Die Olympischen Spiele in Berlin 1936 waren in hohem Maße auch politisch. Und eine NSDAP-Schau des Propagandaministeriums. Wer wollte dies in Zweifel ziehen? Es wäre töricht. Das ganze Umfeld war erschreckend. Der überwiegende Teil der Bevölkerung darunter sah es gemeinsam mit manchem Sportfunktionär anders, wollte es anders sehen. Unkritisch oder unwissend, schlecht aufgeklärt. Wer hätte denn diese Arbeit leisten sollen?

Es darf angenommen werden, daß sich die Vertreter der drei Berliner Vereine, die bereits im Winter nach der Olympiade ihre Pläne für die Sportfeste des kommenden Sommers schmiedeten, viel eher sportlich denn ideologisch angeregt waren. Träumer mögen sich gerade in solchem Tun noch einen Freiraum erhofft haben.

Letztlich kann es nicht anders gewesen sein, daß die überwältigende Mehrheit der Leichtathletik-Verrückten – die schwarzen Schafe geraten darüber nicht in Vergessenheit – in Berlin nur ehrlichste Gefühle hegte. Aus ihnen stieg denn auch der Wunsch auf, jene olympische Stimmung von '36 im Olympiastadion zumindest einmal im Jahr wieder aufleben zu lassen. Hunderttausende waren im August an den Vor- und Nachmittagen zu den Leichtathletik-Wettbewerben gepilgert. Sie hatten Jesse Owens gefeiert, den Sieger in vier Wettbewerben – wie keinen zweiten! Den schwarzen Athleten! Soviel an dieser Stelle zum gesunden Menschenverstand.

Der Fachamtssportwart Christian Busch redete den Vertretern der drei Vereine aus, in jeweils eigener Regie ein teures, risikobeladenes Sportfest in Szene zu setzen. Er brachte sie an einen Tisch und regte sie – mit Erfolg – an, ihr Engagement zu bündeln und eine Veranstalter-Gemeinschaft zu gründen. Einige Gründernamen sollten an dieser Stelle noch erwähnt werden wie Heinz Cavalier und Paul Aust (DSC/OSC), Walter Blume und Carl Rocholl (SCC), Herbert Jung und Otto Buchhorn (BSC).

Der daraus entstehende Dreierbund setzte sich aus dem Berliner Sport-Club (BSC), dem Deutschen Sport-Club (DSC) und dem Sport-Club Charlottenburg (SCC) zusammen. Er sollte bis zum 17. August 1984 insgesamt 43 Meetings über die Runden steuern. Fünf davon in der Deutschlandhalle, vier im Mommsen-, eines im Zehlendorfer Stadion und den Rest, ein erklecklicher Rest, im Olympiastadion, von dem Rudi Thiel, der Chef-Organisator seit 1968, sagt: »Das Olympiastadion als solches hat zweierlei Ausstrahlung. Entweder wirkt es total leer oder voll. Ab 30000 Zuschauer jedenfalls besitzt es Charakter.«

Das Stelldichein benötigte als erstes einen Namen. Man einigte sich auf einen etwas umständlichen: Internationales Stadion-Fest. Kein Wunder, daß es erst als Kürzel das weltbekannte Gütezeichen unter den Leichtathleten wurde: ISTAF.

Das erste ISTAF trägt das Datum des 1. August 1937. Auf den Tag genau zwölf Monate vorher waren die Olympischen Spiele eröffnet worden, und der Mobilisierungseffekt, der sich daraus ableitete, tat die erhoffte Wirkung. 83000 Zuschauer! Eine ähnliche Menge brachte die Leichtathletik in Deutschland erst wieder bei der Münchner Olympiade 1972 zusammen. Die Pflicht gebietet es, darauf hinzuweisen, daß die NSDAP-Organisation »Kraft durch Freude« gerade ein Berlin-Treffen abhielt und allein rund 40000 Karten aufkaufte.

Die umworbenen Amerikaner fehlten. Unter der antisemitischen Politik der Nazis könnten sie nicht mit den Deutschen wettstreiten, telegraphierten sie nach Berlin. Daß schon ein Jahr später eine US-Nationalmannschaft zu einem Länderkampf in der Reichshauptstadt antrat, gehört zu jenen Akten, in denen Fälle über die plötzliche Wandelbarkeit von politischen Meinungsbildungen abgelegt werden.

Im Abstand der Jahrzehnte stöbert der Suchende neugierig die gelb gewordenen Blätter wieder auf. Es sind zwei Namen im besonderen – ihre Träger sind während des Krieges als Soldaten gestorben –, die ein ehrerbietiges Staunen erregen. Sie hatten mitgeholfen, dem ISTAF von der Uraufführung an den gebührenden Rang zu geben. Sie heißen Rudolf Harbig und Luz Long.

Es hat, mit einem auf das ISTAF ausgerichteten Blick, seine Richtigkeit, zuerst den Weitspringer herauszustellen. Denn Long war es, der die Premiere gleich schon mit einem Europarekord von 7,90 Meter herausputzte. Er sollte für die nächsten 19 Jahre Bestand haben. Dagegen stand Harbig, der den deutschen 400-Meter-Rekord um zwei Zehntelsekunden auf 47,6 verbesserte, erst am Beginn.

Wir wollen einmal den Efeu, der über Luz Longs Taten wächst, ein bißchen zur Seite räumen und den Berliner Leichtathletik-Erforscher Ekkehard zur Megede bitten, von der Weitsprung-Qualifikation bei den Olympischen Spielen 1936 zu berichten. Und zwar diese eine wichtige Begebenheit:

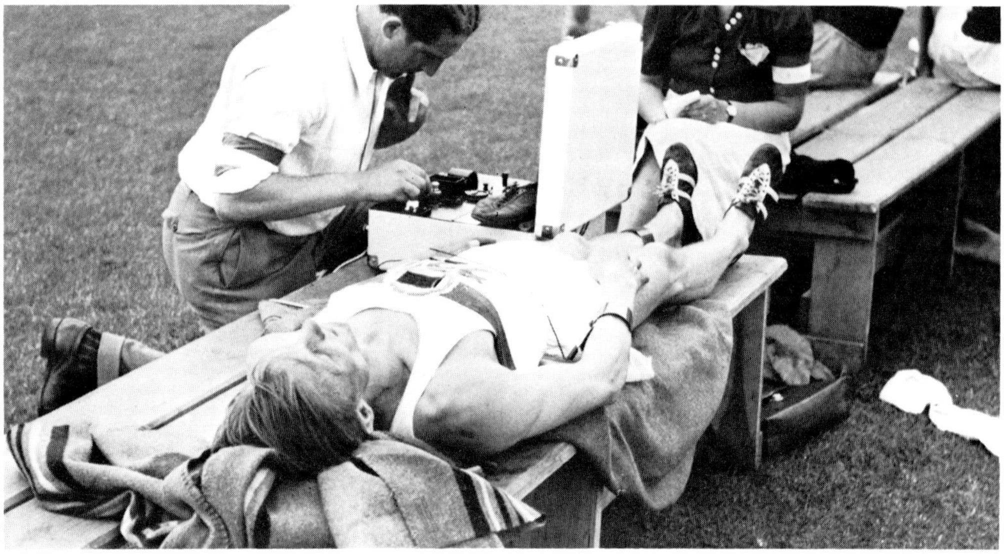

29. Juli 1939: Rudolf Harbig (im Duell mit dem Italiener Mario Lanzi) zog die Massen in seinen Bann. 25000 wollten den Mann sehen, der zwei Wochen zuvor in Mailand mit 1:46,6 Minuten einen Weltrekord aufgestellt hatte, der 16 (!) Jahre unangetastet bleiben sollte (oben). Medizinische Tests sind keine Erfindung unserer Zeit: Schon 1939 wollten die Ärzte genau wissen, wie sich Höchstleistungen auf den Körper des Athleten auswirken. Hier wird Rudolf Harbig der Blutdruck gemessen

»Am 4. August mußte Owens gleich zu zwei Wettkämpfen an den Start. Das bedeutete erhöhte Konzentration und Kraftanstrengung, weil die Qualifikation im Weitsprung und die 200-m-Vorläufe um 10.30 Uhr begannen. ›Das hätte mich um ein Haar die Goldmedaille gekostet‹, erzählte mir Owens fast drei Jahrzehnte später, als er zu Aufnahmen für den Fernsehfilm ›Jesse Owens returns to Berlin‹ an die Stätte seiner olympischen Triumphe zurückkehrte. ›Ich trat im Weitsprung zweimal über. Da kam mein schärfster Rivale Luz Long zu mir, redete auf mich ein, beruhigte mich und gab mir manchen guten Ratschlag. Daraus schöpfte ich die Kraft, im dritten Versuch die verlangten 7,15 zu überspringen.‹ Damit war also gesichert, daß Owens am Vorkampf teilnehmen durfte.«

Rudolf Harbig war, ehe er in die Wehrmacht eingezogen wurde, Stammgast beim ISTAF. Nachdem 1938 die Zuschauerzahl auf 10000 heruntergefallen war, fuhren am 29. Juli 1939 wieder 25000 mit der U-Bahn hinaus, einzig angelockt von der Zugkraft des Dresdners und der Wiederauflage seines als epochal apostrophierten Duells auf der 800-Meter-Strecke mit dem Italiener Mario Lanzi. Harbig gab sich diesmal mit einem Spurtspielchen zufrieden, wiewohl er mit der Leistung von 1:48,7 Minuten gegenüber dem früheren Weltrekord des Briten Sydney Wooderson nur um anderthalb Schritte zu kurz gekommen war. Aber seit dem 15. Juli hatten die Sportanhänger vierzehn Tage lang Zeit besessen, sich mit dem Außerordentlichen seines Talentes vertraut zu machen. Denn an jenem Tag war Harbig, Lanzis verwegene Flucht nach vorn im Endspurt brechend, im Mailänder Stadion mit der unfaßbaren Siegerzeit von 1:46,6 Minuten seinen Zeitgenossen um 16 Jahre vorausgeeilt.

Beim Durchblättern der Unterlagen von damals bleiben die Gefühle zwiespältig. Eine Schülerin aus Münster, Christel Schulz, verbesserte im Weitsprung den seit elf Jahren auf 5,98 Meter stehenden Weltrekord der Japanerin Kinue Hitomi um 14 Zentimeter, auf 6,12. Keine zwei Monate später begann der Krieg. Über Hans Woellke, den Olympiasieger im Kugelstoßen, heißt es im Bericht vom letzten Kriegs-ISTAF, dem vom 2. August 1942, im wortkargen Berichtsstil: »Niemand ahnte, daß dies das letzte Wiedersehen sein würde.«

Aber muß die Luft damals nicht schon voller Vorahnungen gewesen sein?

Am Ende lag Deutschland in Schutt und Asche. Der Krieg ging im Mai 1945 zu Ende, und danach wurden die politischen Risse durch das Land und durch Berlin gezogen. Die Reichshauptstadt war jetzt nur noch eine ehemalige, gespalten in Ost- und West-Berlin, das nun, etikettiert – und außer von Randgruppen auch empfunden – als »Vorposten der Freiheit«, umgeben war von der Sowjetzone, der späteren DDR.

Was den Sport betraf: Niemand wollte mehr mit den Deutschen spielen. Hatte es zu wenige Luz Longs gegeben?

Die Entscheidung, einem der drei ISTAF-Mitbegründer, dem Deutschen Sport-Club, nach dem Krieg die Neugründung unter seinem alten Namen zu verweigern, des D wegen, beruhte ebenfalls noch auf dem rückwärts in die Vergangenheit gerichteten Blick. Der DSC benannte sich, nobel, im Zusammenschluß mit drei Schöneberger Vereinen, in Olympischer Sport-Club (OSC) um.

Im Frühjahr 1949 meldeten sich, es war wie eine Botschaft von einem fernen Stern, elf schwedische Leichtathleten. Sie wollten lieber wieder von der Zukunft reden. Ihr Land war neutral, und es waren die Neutralen – im Fußball 1950 die Schweiz –, die den Bann nach der ewigen Eiszeit brachen.

Die internationalen Sportverbände, darunter auch jener der Leichtathleten, waren nach 1945 den Politikern gefolgt. Sie hatten an den Grenzen des zweigeteilten Landes Hindernisse aufgestellt, die mit keinem Startpaß zu überwinden waren. Die Schweden riskierten, als sie ihr Angebot nach West-Berlin schickten, jeder für sich, eine längere Wettkampfsperre. Die Luz Longs, die dem Gegner in die Augen und nicht aufs Nationalemblem schauen, waren noch da, sie hatten im anhaltenden Frost überwintert. Sie konnten, in Berlin wurde es dankbar begriffen, auch in fremden Zungen reden. Ernst Reuter, der Oberbürgermeister, empfing die Skandinavier in seinem Amtssitz, dem Schöneberger Rathaus. Es war eine hochangesiedelte Angelegenheit. Den Besuch bezeichnete er als ein »verheißungsvolles Bekenntnis für den Gedanken der Zusammenarbeit aller friedlich gesinnten Völker«.

Was den gebotenen Sport betraf, belegte Lennart Strandberg, 1936 in Berlin Olympiasechster über 100 Meter, am 26. Mai 1949 über 200 Meter in der dürftigen Zeit von 22,9 Sekunden den zweiten Rang.

Ein deutscher Zehnkämpfer auf dem langen Weg zum Olympiasieg. Beim ISTAF 1964. Wenige Wochen später gewinnt Willi Holdorf (links) das einzige Gold eines Bundesdeutschen in der Vielseitigkeitsprüfung. Rechts der 10,2-Sekunden-Sprinter Gerd Metz

Zwischen seinen Besuchen hatten also 13 Jahre gelegen. Jahre und Welten. Zehntausend Zuschauer sahen in Henry Eriksson einen Weltrekordler und Olympiazweiten über 1500 Meter unbedrängt siegen; in der schwachen Zeit von 3:56,8 Minuten. Die Westdeutschen Ludwig Warnemünde und Heinz Westerteicher lagen im Ziel trotzdem hoffnungslos 35 Meter hinten. Es war noch nicht soweit, daß der Sport schon wieder ihre Sinne aufsaugte. Natürlich nicht.

Irgendwann gibt es in jeder noch so zähen Entwicklung einen entscheidenden Ruck, und 1950 gelang dem Deutschen Leichtathletik-Verband mit der Wiederaufnahme in den Dachverband wirklich der langersehnte Durchbruch. Zwei Jahre später nahmen deutsche Sportler erstmals nach 16jähriger Unterbrechung an Olympischen Spielen teil, in Helsinki.

Wir lassen an dieser Stelle den Namen Luz Long zurück. Ihm möchte man, posthum, die Rückkehr zu Wettkämpfen zwischen Athleten aller Rassen widmen. Wem sonst?

Was nun den Dreierbund der Berliner Leichtathletik-Vereine betraf, berichtete Heinz Cavalier in einer Festschrift: »So geschah es im Herbst des vorolympischen Jahres, daß der OSC und der SCC für die Monate August und September des Helsinki-Jahres Internationale Stadion-Feste anmeldeten. Damit gaben sie den Anstoß zu neuer ISTAF-Einheit. Bereits in der zweiten Januarwoche 1952 meldete die Presse: ›Zwischen den Vorsitzenden und den Abteilungsleitern des BSC, OSC und SCC sind Besprechungen im Gange, die ISTAF-Veranstaltungsgemeinschaft wieder aufleben zu lassen.‹«

Am 10. August 1952 war es soweit, und fast 40000 Zuschauer platzten mit ihrer Neugierde ins Olympiastadion hinein. Dreizehn Jahre lang waren sie entwöhnt gewesen von dem internationalen Flair, das sie sich jetzt in überreichem Maße von den angereisten sieben amerikanischen Goldmedaillen-Gewinnern versprachen. Irgendwelche erzielten Zeiten und Weiten sind vom XI. ISTAF nicht haftengeblieben. Der Zehnkämpfer Bob Mathias kratzte, bevor er den Innenraum verließ, von der Bahn so viel rote Asche zusammen, daß sie einen Becher füllte. Er hatte das Gefühl, sich auf einem besonderen Stückchen Erde zu befinden. Souvenirs, Souvenirs. Mathias war unverdächtig genug, um mit dieser Geste auch eine Brücke zur sportlichen Vergangenheit des Olympiastadions zu schlagen. Kontinuität, trotz allem. Und sei es, daß sie aus der roten Asche bestand.

Die ISTAF-Kette erhielt von nun an Jahr für Jahr neue Glieder und Perlen, solche, in denen sich glanzvollste Ereignisse spiegelten und solche, die eher matt blieben, aus welchen Gründen auch immer.

Bis zum Ende des Jahrzehnts schwankten die Zuschauerzahlen zwischen 10000 und 20000. Leichtathleten aus der DDR fuhren mal schnell herüber; die Mauer würde erst am 13. August 1961 als Trennwand zwischen Ost und West gebaut (und es sollte von da an 16 Jahre dauern, ehe die Eiszeit einem kontrollierten Tauwetter Platz machte). Die Internationalität des Meetings bezog sich zunächst auf Sportler aus wenigen Ländern. Wenn die Gastgeber junge Leute aus sechs Nationen versammelt hatten, waren sie rechtschaffen zufrieden.

Bevor im Jahr 1957 die Organisatoren bei Temperaturen von 37 Grad Celsius fast der Hitzschlag traf und sie beim 19. ISTAF 1958 beinahe in einem Wolkenbruch ertranken, hatte die bemerkenswerte Veranstaltung des Olympiajahres 1956 schon den Wendepunkt zwischen den Nachkriegs-Aufräumungsarbeiten und dem mit Macht einsetzenden Wiederaufbauwillen angezeigt. Der Sport dachte noch gesamtdeutsch, zumindest im Westen, und er notierte dementsprechend die acht Rekorde, die am 30. Juni purzelten, auf eine einzige große Liste. Hinter den Namen standen die Städte Greven, München, Berlin, Braunschweig, Leipzig und Halle.

Marianne Werner stieß die Kugel 15,61 Meter weit, Almut Brömmel übertraf mit dem Speer – 50,73 Meter – eine begehrte Markierung, Gisela Köhler sprintete 11,5 Sekunden über 100 Meter und Centa Gastl 10,9 über 80 Meter Hürden. Inge Kilian sprang 1,65 Meter hoch, Klaus Richtzenhain erreichte 5:12,2 Minuten über 2000 Meter und Siegfried Herrmann 7:50,0 über 3000 Meter. Die Frauen von Dynamo Ost-Berlin kamen über 4× 100 Meter mit einer Zeit von 46,8 Sekunden im Ziel an.

Das waren bemerkenswerte Resultate.

Jede Zeit besitzt ihre eigenen Superlative. Am 21. Juni 1959 kündigten sich die nächsten an. Martin Lauer ließ mit der Zeit von 10,4 Sekunden über 100 Meter den Europameister Armin Hary nur um einen Meter davonziehen, und obwohl er im Lauf über 110 Meter Hürden die ersten vier Hindernisse gerissen hatte, hielten die Stoppuhren schon nach 13,7 Sekunden an. 16 Tage

Drei der größten Langstreckenläufer ihrer Zeit in einem Rennen beim ISTAF 1966 vereint: der Sieger Kipchoge Keino vor dem Australier Ron Clarke und dem Deutschen Harald Norpoth

später war der Kölner perfekt in seinem Vortrag: 13,2 – ein fabelhafter Weltrekord in Zürich.
Aus dem fetten Gewinn vom nacholympischen Sportfest – wir erreichen gerade 1960 – errichtete die ISTAF-Gemeinschaft einen Juliusturm, den sie während der nächsten über sie hereinbrechenden fünf Dürrejahre wieder schweren Herzens abtragen mußte. Die ursprüngliche Absicht, den Überschuß in die Jugendarbeit zu stecken, war und blieb ein unerfüllbarer Wunsch.
Das junge Medium Fernsehen hatte das Bild von Wilma Rudolph in die erste und zweite Welt geschickt, immerhin, und das vom schnellsten Mann, Armin Hary, auch. 30000 wollten die leichtfüßige schwarze Gazelle nach ihren drei Olympiasiegen und den bleichgesichtigen Saarländer in Aktion sehen. Ihre 100-Meter-Zeiten von 11,5 und 10,2 lösten all die Kontraste von Black & White in Sekundenschnelle auf.
Die normalen und die schlechten Zeiten überfliegt man – am liebsten unbesehen. Das ISTAF dümpelte und schlingerte bald wieder im breiten Strom der Zeit. Ein Zwischenhoch wurde am 9. Juli 1962 geflaggt zur Feier des 25jährigen Jubiläums. Heinz Cavalier teilte dazu unter dem Stichwort »Klein-Olympia« mit: »Neben deutscher Elite waren mehr als fünfzig ausländische Athletinnen und Athleten aus siebzehn (!) Nationen am Start, darunter zum ersten Mal in der ISTAF-Geschichte Schwarzafrikaner... Es war das größte Internationale, und es ist wahrscheinlich, daß es in der ganzen Welt keinen Vorgänger solchen Ausmaßes gehabt hat.«
Die Berliner gingen danach freilich erst wieder am 26. Juni 1966 mit fliegenden Fahnen zu den Leichtathleten. Wer übte den heftigsten Reiz aus? Eindeutig: Das 5000-Meter-Rennen mit dem Weltrekordler Kipchoge Keino aus Kenia, der ein bestaunter Höhenmensch vom ostafrikanischen Grabenbruch war, mit dessen Vorgänger Ron Clarke, einem begnadeten Tempobolzer, und mit dem Olympiazweiten Harald Norpoth. Dieser bildete damals im Verein mit den 800-Meter-Europarekordlern Franz-Josef Kemper und Walter Adams sowie dem 1500-Meter-Europameister und Olympiadritten Bodo Tümmler vom SCC Berlin ein Quartett deutscher Musketiers, worüber die Veranstalter jahrelang hübsch froh waren.
Keino verfehlte nach 13:26,6 Minuten seinen Weltrekord nur um 2,4 Sekunden. Peu à peu wurden die Bummelrennen, von

1975 schlug Inge Helten (rechts) die Polin Irena Szewinska über 100 Meter deutlich

TMUND

Nur um die winzige Kleinigkeit von sieben Hundertstelsekunden schrammte Mike Boit (Kenia) beim ISTAF 1976 am 800-m-Weltrekord vorbei

Noch Jahre später schwärmen die deutschen Leichtathletik-Freunde von diesem 400-m-Hürden-Duell. 1977 schlägt Harald Schmid seinen ewigen Konkurrenten und Bezwinger Edwin Moses – ausgerechnet in Berlin, wo der US-Amerikaner 1981 seine spätere Frau Myrella kennen- und liebenlernt

228
76
97

Dokument eines Weltrekords: Die Weitspringerin Schulz-Salzwedel schafft 1939 mit 6,12 Meter eine neue Bestleistung

denen die Zuschauer übersatt waren, abgelöst von den schnellen Jagden der Unerschrockenen.
Rudi Thiel übernahm 1968 die Cheforganisation. Seine ersten Stationen gestalteten sich wie folgt: 1968 Defizit in der Deutschlandhalle, 1969 Einweihung der Rekortanbahn, der zweiten Kunststoffbahn im Lande, 1970 Weltrekord über 3000 Meter Hindernis durch Kerry O'Brien aus Australien vor 6500 Zuschauern, 1971 Aufwind mit 18000.
Thiel sollte einmal selbst erzählen, was dem ISTAF danach zustieß. »1972 war bekanntlich das Olympiajahr. Ich setzte alle Hoffnungen auf München. Keino wollte bei uns sein letztes Rennen bestreiten und Heide Rosendahl den Weltrekord im Weitsprung verbessern. Dann ereignete sich der Palästinenser-Überfall im olympischen Dorf. Israelische Sportler starben. Wir sagten ab. Die Ängstlichen hatten sich durchgesetzt.«
Am 21. August 1974 begrüßte er nach der zweijährigen Unterbrechung wieder 20000. Unter der anfangs skeptisch gerunzelten Stirn zog sich eine Augenbraue hoch: überrascht! Der Amerikaner Dwight Stones wäre beinahe – die Latte hätte nur nicht mehr nach vier Sekunden langem Zittern herunterfallen dürfen – Weltrekord gesprungen. Ein Jahr und ein Tag danach hielt sogar ein Gewitterregen 20000 Berliner weder vom Besuch noch den Franzosen Guy Drut und den Amerikaner Steve Williams von Weltrekorden ab. Der eine brachte es auf 13,0 Sekunden über 110 Meter Hürden, der andere auf 9,9 über 100 Meter. 1976 schrammte Mike Boit als Star einer »Vier-Sterne-Veranstaltung« vor 23000 mit der 800-Meter-Zeit von 1:43,57 Minuten nur um sieben Hundertstel am Weltrekord vorbei, sich eines »Hasen« bedienend, es wurde nun so Sitte.
Kaum wieder zu Atem gekommen, hetzen wir mit fliegenden Rockschößen schon zur nächsten Gala. Die Polin Krystyna Kacperczyk stellte am 18. August 1978 einen Weltrekord über 400 Meter Hürden auf, 55,44 Sekunden, und Ulrike Bruns zeigte erneut, daß die DDR-Sportler stets mit den besten Absichten ins Olympiastadion gingen. Im 1000-Meter-Lauf ruckte sie die Weltbestzeit auf 2:32,0 Minuten vor.
Auf einmal hatte sich jedermann daran gewöhnt: Das ISTAF ist ein dickes Ding! Es bewegte die Massen. 30000, 38000, 32000, noch 26000 am Abend des 21. August 1981 bei nur 12,9 Grad Celsius und Sturmböen über der Mark Brandenburg.

1979 standen die Deutschen, selten genug, im Mittelpunkt: Günther Lohre mit dem deutschen Stabhochsprungrekord von 5,60 Meter, Brigitte Kraus mit der bundesdeutschen Bestzeit über 1000 Meter, 2:33,44 Minuten wert, André Schneider segelte über 2,30 Meter. Und es folgten übergangslos die biblischen Zeiten des Edwin Moses. Der Hürdenläufer scheiterte auf der Bahnrunde mit 47,17 und 47,27 Sekunden nur um 4 und 14 Hundertstel am eigenen Weltrekord. Der Berliner Ralf Reichenbach von der LG Süd brachte beim ISTAF 1980 mit einem Kugelstoß auf 21,51 Meter sich und seine Gemeinde in eine rasende Schwelgerei. 130 Kilogramm Lebendgewicht balgten und kobolzten über den Rasen.
»Auf den letzten Metern sind mir die Ohren fast abgefallen«, staunte Patriz Ilg, der alsbaldige Europa- und Weltmeister über 3000 Meter Hindernis, nachdem er am 20. August 1982 vor jetzt bereits 40000, die für den ihnen gemäßen Lärm gesorgt hatten, in der Jahresweltbestzeit von 8:17,04 Minuten siegte. Herrliche Zeiten!
Für seine Veranstaltungen in 1983 und 1984 verfolgte Thiel die Politik der kürzesten zeitlichen Anbindung an die Weltmeisterschaften und Olympischen Spiele. Hatte er zunächst das Glück des Tüchtigen gepachtet – 56000, jawohl: Hereinspaziert!, ließen sich vom Duft des frischen Lorbeers der Helsinki-Sieger anlocken –, sackte dem ISTAF zwölf Monate später die hoch aufgeschäumte Krone plötzlich ein ganzes Stück in sich zusammen.
Die Leute hatten sich vor den Bildschirmen nächtens müde geguckt. Dennoch machten sich noch 41000 auf die Beine, um die angereisten 43 Medaillengewinner zu sehen, die in fünf Disziplinen doch tatsächlich bessere Resultate als bei der Olympiade fertigbrachten. Sie erlebten Evelyn Ashford mit 100-Meter-Sprints in Zeiten von 10,92 und 10,94 Sekunden. Greg Foster legte die 110 Meter Hürden in 13,16 zurück. Dietmar Mögenburg hatte sich Streichhölzer zwischen die Augendeckel gesteckt, und bevor er wieder einnickte, flopte er über 2,30 Meter.
Das ISTAF war am 17. August 1984 bei der fortgeschriebenen Zahl 43 angelangt. Es war groß geworden in Krisenzeiten, es hatte sich über etliche hinweggesetzt, 1940, 1943 bis 1948, 1950 und 1951 sowie 1972 und 1973 fiel es sogar aus. Das ISTAF verfuhr – ungewollt – nach dem lebensnahen Vorbild der Echternacher Springprozession: Zwei Schritte vor, einer zurück.

Luz Long: Er blieb nicht nur als Weitspringer, der mit 7,90 Meter einmal den Europarekord hielt, sondern auch als fairer Sportsmann und Mensch unvergessen. Er kam im II. Weltkrieg ums Leben

Die Nähe ferner Sterne

26. August 1977: Als erste Frau der Welt überspringt Rosi Ackermann aus der DDR beim ISTAF in Berlin die Zwei-Meter-Marke. Eine weitere Barriere der Frauen-Leichtathletik ist gefallen

Als die Olympiasiegerin Rosemarie Ackermann beim 36. ISTAF am 26. August 1977 als erste Frau locker mit zwei bis drei Zentimetern Luft zwischen Körper und Latte über zwei Meter flog, ausgerechnet in Berlin und nirgendwo anders an diesem Abend, mußte Rudi Thiel an das 33. ISTAF vor drei Jahren zurückdenken.
Damals hatte wenige Wochen vorher eine Horde von Halbstarken während des Vorrundenspiels zur Fußball-Weltmeisterschaft DDR gegen Chile im Olympiastadion in den schwarzrotgoldenen Fahnen mit dem Hammer-und-Zirkel-Emblem nur noch rot gesehen und sie verbrannt. Eine einfältige Provokation: Der Leiter der aus drei Leichtathleten bestehenden DDR-Gruppe sah sich nun ein paar Wochen später bei seinem Auftrag, die Abmachungen des deutsch-deutschen Sportkalenders einzuhalten, in heikler Mission. »Wir sind mit Bedenken gekommen!«
Den Auftakt jener 1974er Veranstaltung hatte der Lauf über 100 Meter Hürden mit der Weltrekordlerin Annelie Ehrhardt aus Magdeburg gebildet. Sie siegte, sah blendend aus mit der Zeit von 12,8 Sekunden, und die Zuschauer geleiteten sie, ohne die Augen von ihr abzuwenden, mit anhaltendem Beifall zurück zum Start, wo ihre Trainigssachen lagen. Rudi Thiel hörte noch den ostdeutschen Funktionär beim Abschied sagen: »Ich habe erkennen müssen, daß das Leichtathletik-Publikum im Westen ein anderes als beim Fußball ist.« Zwanzigtausend Menschen hatten das Eis gebrochen. Die Ackermann konnte herüberfahren.
Sie zu bekommen, bedeutete bereits ein Glanzstück. Jeder wollte sie haben. Die 25 Jahre alte Cottbuserin regierte nämlich wie kaum eine zweite ihre Disziplin. Seit sie 1974 in Rom die Europameisterin mit der Höhe von 1,95 Meter geworden war, besaß sie den Weltrekord, den sie erst wieder am 14. August beim Europapokal-Endkampf in Helsinki bei 1,97 Meter festgezurrt hatte; also vor sechs Wochen.
Von diesem Tag an kreisten die immer gleichen Fragen um ihre Person herum. Unablässig: »Wann springen Sie über zwei Meter?« »Die Fragen«, versuchte sie, sich zu wehren, »die ständig kommen, sind ein bißchen deprimierend. Wir müssen uns für jeden Zentimeter höher doch so quälen!«
Zugegeben, sie sah den ersten Zweimetersprung einer Frau noch vor dem Olympiajahr 1980, sie hoffte auch, daß sie und nicht die Italienerin Simeoni die Bahnbrecherin

sei. »Das wäre etwas Historisches«, sagte sie. Aber schon von heute auf morgen?
Im ISTAF-Wettbewerb Hochsprung der Frauen standen sieben Springerinnen. Die Letzte, die Kanadierin Debbie Brill, schied nach erreichten 1,89 Meter aus. Rosemarie Ackermann hatte die Höhen von 1,75, 1,80 und 1,86 Meter sämtlich im ersten Versuch leicht überquert, und ebenso hielt sie es, als sie nach eigenem Gusto die zeitliche Abfolge der Versuche bestimmen durfte. Die Höhen von 1,92 und 1,97 bereiteten keine Mühe, obwohl sie unterdessen beim eigenen Weltrekord angelangt war.
Bereits als sie den Kampfrichtern mitteilte, sie möchten jetzt die Latte 1,97 und nicht 1,98 Meter hoch auf die Halterungen der beiden Ständer legen, war ihre Absicht klar, den Coup landen zu wollen. Sie trug zwar am Knöchel des linken Sprungfußes eine Bandage, die eine im Winter aufgetretene Bänderdehnung ruhigstellte, und sie wußte, daß in vier Wochen die dringend geratene Operation schon Vergangenheit sein würde. Aber inmitten des hochqualifizierten Trainierens und Wettkämpfens findet man plötzlich einen Tag, seinen Tag, an welchem der letzte Zweifel unter den Teppich gekehrt und beim Aufblicken der Himmel plötzlich durchsichtig wird. Die fernen Sterne erscheinen nahe.
Die Uhr – aufmerksame Chronisten haben halt alles im Blick – zeigte 20 Uhr 14 an, als Rosemarie Ackermann nach zwei Minuten des geduldigen Einpendelns in die innere Sammlung anlief und über das hohe Hindernis hinwegsetzte, so schwerelos, daß es doch verwunderte, weshalb vorher überhaupt so viel Aufhebens um die Zwei-Meter-Geschichte gemacht worden war. Aber als sie, noch in der Luft, die Hände vor das Gesicht schlug, nach der Landung sekundenlang regungslos auf der Matte lag und wie ein Schloßhund losheulte, war wieder wahr, daß der höchste Grad der Schwierigkeit erst dann erreicht ist, wenn der Hochleistungssport wieder einfach aussieht. Meisterhaft einfach.
Die junge Frau aus Cottbus hatte sich mit dem Straddle aufgeschwungen, dem Wälzer oder Bauchwälzer: bei dem sich der Athlet nach betulichem Anlauf mit dem Bauch nach unten über die Latte wälzt. Die Zeit ist über ihn hinweggegangen. Dabei hatte es Jahre gegeben, da nur er als die letzte Vernunft und die einzige Wahrheit galt. Wäre der Amerikaner Dick Fosbury 1968 in Mexiko-City mit seiner Variante des Rücklingssprungs nicht Olympiasieger, sondern nur Vierter oder Achter geworden, die Trainer, Springer und Fachleute aller Arten hätten sich vor Lachen die Bäuche gehalten und den verschrobenen, Kaugummi kauenden baumlangen Yankee aus dem Mittelwesten wieder heim in die Vergessenheit geschickt.
Die Hochsprung-Freaks werden sich dem komplexen Bewegungsablauf des Straddle sowieso bis ans selige Ende ihrer Tage verbunden fühlen. Erst wenn sie nicht mehr da sind, wird er endgültig ausgestorben sein. Er verbürge, argumentieren sie, mit dem Flop absolut vergleichbare Leistungen, aber darüber hinaus gewährleiste er ein wesentlich stabileres Wettkampfverhalten. Freilich, er sieht nicht so schön weitgeschwungen aus wie der Flop, wenn der Springer steil nach oben abhebt, und außerdem fordert er doppelte und dreifache Lehrjahre. Wer besitzt denn noch die Geduld, auf derartige Segnungen zu warten?
»Der Flop bringt sein Brot schneller.« Rosemarie Ackermanns Feststellung war schon der Teil einer Abschiedsrede, ihr Zweimetersatz ein letztes Aufbäumen, ein Signal. Nur hat sich keiner der Jungen mehr umstimmen lassen.
Rosemarie Ackermann erhob sich im Olympiastadion langsam. Sie zwang sich zur Ruhe. Der Amerikaner Dwight Stones, selber der erste Mann, der über 2,30 Meter gesegelt war, er schon einer von diesen Floppies, gratulierte und sprach aus, wovor sie sich am liebsten die Ohren zugestopft hätte. »Jetzt hat sie alles getan, jetzt kann sie abtreten!«
Sie hatte immer noch mit ihren Tränen zu tun. Sie ging wieder zur Anlaufmarke, um die nächste Höhe, 2,02 Meter, anzugreifen, sie schluchzte. Natürlich war die Konzentration hin, die Luft raus. Diese 2,02 Meter würden als Weltrekord erst fünf Jahre später einer anderen Deutschen zufallen, bei den Europameisterschaften in Athen. Sie hieß Ulrike Meyfarth.
Rosemarie Ackermann zielte in ihrer Laufbahn noch gelegentlich auf die Zwei-Meter-Höhe ab, sie näherte sich ihr zweimal auch bis auf einen Zentimeter, doch jedesmal scheiterte sie. 1980 trat sie nur als Olympiavierte ab. Schon die Europameisterin von 1978 hatte Sara Simeoni geheißen.
Die Siegesserie der 1,76 Meter großen Sportlerin erfüllte sich in jenem Sommer, und es war, als seien die Niederlagen bei den folgenden Meisterschaften der Preis für die – ist diese Vollmundigkeit erlaubt? – Unsterblichkeit gewesen.

Martin Lauer über der Hürde – seine Technik für jeden Fachmann ein Genuß, aber auch ein faszinierendes Bild für jeden Ästheten

ISTAF · BERLIN

Solch ein Begriff ist eine abstrakte Chiffre. Er taugt nicht für den Alltag. »Ich bin ein häuslicher Typ«, erzählte sie sieben Jahre nach der Tat der Ostberliner Journalistin Heidi Fischer, »und mein Mann und ich, wir wollten die Kinder. Ich hätte sie lieber ein paar Jahre eher bekommen, aber ich wollte meine so erfolgreiche Laufbahn als Hochspringerin auch nicht unterbrechen oder vorzeitig beenden.«
Zwei Kinder, beruflich angestellt beim Konsum-Bezirksverband Cottbus, Abteilung Schuh- und Lederwaren, es ist dann wieder einer der üblichen deutschen Lebensläufe geworden. Es reicht ihr aus. Der Sport, sagte sie rückblickend, sei die Seite eines Buches gewesen.
Sollte neben dem Text noch Platz für ein Photo, das Photo!, sein, müßte es sie am Abend des 26. August 1977 im Berliner Olympiastadion zeigen, wie sie nach der bezwungenen Höhe wieder auf dem kurzen, selig genossenen Rückflug zur Erde ist.

Volle Konzentration und totale Erschöpfung: Drei deutsche Leichtathleten, die das Publikum in die Stadien lockten. Die Olympiasieger Heide Rosendahl und Klaus Wolfermann sowie Weltmeister Patriz Ilg in Aktion

Kurzschlüsse, die sein müssen...

Rudi Thiel erinnert sich an die Zeit, als er noch nicht der Organisator, sondern, dadurch an die höheren Aufgaben allmählich herangeführt, der Athletenbetreuer war. Die leitenden Herren hatten ihm, es geschah in 1958, dreihundert Mark überantwortet, die er gerecht über die versammelten Häupter ausstreuen sollte. Als da waren: Europameister wie Armin Hary, Manfred Germar, Martin Lauer, Weltrekordler wie Roger Moens (Belgien) über 800 Meter und Gerhardus Potgieter (Südafrika) über 400 Meter Hürden sowie Beliebtheiten wie Mittelstreckler Paul Schmidt und Hochspringer Theo Püll oder die Polen Barbara Janiszewska und Janusz Sidlo.
Was tun? Den Betrag stückeln und anteilig weiterleiten, zum Beispiel 22,40 Mark für jeden? Thiel beschloß, dieses Gedankenspiel für unter seiner Würde zu halten, und beim gründlichen Nachdenken kam ihm der rettende Einfall, den lockeren Haufen in eine Bar am Bundesplatz zu schleppen und bis Mitternacht freizuhalten.
»Ich habe das Geld gar nicht alles ausgeben können – und 120 Mark wieder mit heimgebracht.« Sie wurden in die Kasse zurückgeführt.

Telefonspesen

Daß der Australier Kerry O'Brien vor Glück platzte, mußte man verstehen. Er hatte sich, 1970, im Lauf über 3000 Meter Hindernis um zehn Sekunden verbessert und fand unvermutet den Weltrekord in seinem Besitz vor. Es mag sein, daß ihn auch der Blick auf die sich im Olympiastadion verlierenden 6500 Zuschauer in seinem Vortrag bremste, als er mit Thiel über dessen Gegenleistung zu sprechen bat. Vorsichtig: »Darf ich einmal nach Hause telefonieren?«
In einer Zeit, da der Standardspesensatz der deutschen Asse die Fünfhundertmarkschwelle erreicht hatte, führten die Sportler auf dem im Abseits liegenden fünften Kontinent noch das ungefährdete Eigenleben derer vom Stamme der Amateure.

Siebenmeilenstiefel

Am 13. und 14. Juni 1953 ereignete sich für die damaligen Verhältnisse höchst Abenteuerliches. Das hing besonders mit dem Umstand zusammen, daß die deutschen Leichtathleten noch ausgehungert nach Reisen waren. Bei jedweder Einladung packte sie auf der Türschwelle das Fieber. Friedel Stracke vom Barmer Turnverein war erst zwanzig, das kam befeuernd hinzu, und er durfte jetzt in Glasgow ganz oben in Schottland an den Start gehen. Über 880 Yards, das sind 804,67 Meter. Stracke traf dort auf den dreifachen Olympiasieger Mel Witfield und forderte ihn sofort zum Duell heraus. Er hatte sich dann im Endspurt zwar schließlich zu beugen, sein Rückstand war jedoch mit drei Zehntelsekunden nicht der Rede wert, die eigenen 1:51,2 Minuten dagegen schon eher.
Die Fachzeitschrift »Leichtathletik« schilderte, was anschließend geschah: »Eine Viertelstunde nach dem Glasgower Rennen mit dem Bus zum Flugplatz, abends Ankunft in London, umgestiegen in Richtung Frankfurt, das nachts um zwei Uhr erreicht wurde. Dort durch ein Mißverständnis die Morgenmaschine nach Berlin verpaßt. So fand sich Stracke erst gegen 14 Uhr inmitten der Weltstadt Berlin.«
Im Stadion warteten im Lauf über 1000 Meter die einheimischen Läufergrößen Olaf Lawrenz und Günter Dohrow auf ihn. Stracke rang sie für dieses Mal beide nieder, und seine 2:23,4 Minuten ordneten ihn in der deutschen Rangliste aller Zeiten unmittelbar hinter Rudolf Harbig, dem Legendenreichen, ein.
»Hoch klang das Lied vom kämpferisch-zähen Athleten«, pries ihn der Doyen unter den Leichtathletik-Journalisten, Heinz Cavalier. Aus diesem Holz, hieß es später, war die Nachkriegsgeneration geschnitzt. Hauptsache Frieden, und die Welt weit offen: Stracke probierte aus, was wohl hinter dem Wort von den Siebenmeilenstiefeln stecken mochte.

Startblock-Premiere

Bisher hatte zu den Reiseunterlagen der Sprinter, auch ihrer Könige, immer eine kleine Schaufel gehört. Damit gruben sie hinter der Startlinie ihre Löcher, in welche sie die Füße stemmten, bevor der Pistolenknall sie entließ. Jesse Owens und Konsorten hatten, als sie sich in Berlin 1936 über die Olympiamedaillen hermachten, noch fleißig buddeln müssen. Ja, müssen. Denn die Startblöcke waren schon bekannt, ihre Benutzung wurde aber von dem Internationalen Verband ausdrücklich untersagt.
Zum zweiten ISTAF, in der Deutschlandhalle am 19. März 1938, führte man die Blöcke in Deutschland ein. Cavalier als Zeitzeuge: »Da sie noch nicht auf dem Markt waren, hatten die Organisatoren sechs Stück anfertigen lassen, die in den Sprints und Hürdenläufen benutzt wurden.«

Berlin

Der Block, dessen Vorteil mit einer Zehntelsekunde veranschlagt wird, ist ein hochtechnisches Utensil geworden und heißt deshalb längst Startmaschine: per Kabel mit der elektrischen Zeitmeßanlage verbunden, selbstverständlich gemäß der individuell unterschiedlichen Fußstellungen verstellbar, ausgerüstet mit einer kleinen Lautsprecheranlage, über welche der Sprinter die Stimme seines Herrn Starters unmittelbar am Ohr hat. Allein in der Umgangssprache konnten die Blöcke die Löcher nie verdrängen. In den Rundfunk- und Fernsehkommentaren, auf sämtlichen Zeitungsseiten von der Politik bis zum Feuilleton, stets sitzt irgend jemand »in den Startlöchern«, um sofort zu neuen Taten aufzubrechen.
Von den Blöcken springen die Kurzstreckenläufer lediglich bei den Leichtathletik-Journalisten. 1938 fingen sie an, sich umzustellen.

Hoch und runter

ISTAF 1977. Rudi Thiel: »Da läuft mir ein Mann irgendwann über den Weg und fängt an, in den höchsten Tönen zu schwärmen. ›Das Tollste war ja der Weltrekord der Ackermann! Zwei Meter! Es war mir gerade etwas runtergefallen, und in dem Moment, wo sie springt, habe ich Esel mich gebückt. Ich sah nichts, aber Hauptsache, ich war im Stadion mitten unter den jubelnden Leuten.‹«

Kurz geschlossen

Die bekannteste ISTAF-Liebesgeschichte ist diejenige, bei der sich Myrella Bordt und Edwin Moses 1981 in die Arme liefen.
Die Helfer vom Fahrdienst, die immer vor und nach der Freitagabend-Veranstaltung zwischen dem Athletenhotel und dem Stadion einen Pendelverkehr unterhalten, hatten den letzten Nachzügler glatt vergessen. Der Amerikaner stand nun mit seiner ganzen Zelebrität allein in der Nacht und war sehr erleichtert, als zwei Mädchen vor seiner Nase vorbeigingen, zu einem Auto, das noch einsam auf dem Parkplatz stand.
»Bitte, wie komme ich zum Sylter Hof?«
»Steigen Sie ein, genau dorthin wollen wir auch!«
Das weitere ergab sich. Beim Bankett war es um sie geschehen. Es gibt Kurzschlüsse, die müssen sein.

Köln: Mit Pauken und Trompeten

Die Bedenken waren groß im Mai 1972. Sie wußten alle noch nicht einmal, »wann und ob eine neue Anlage entstehen wird, und damit ist das einst so sportfreudige Köln, nicht nur in der Leichtathletik, in einen Provinzschlaf gefallen und mit ihm die berühmten Internationalen.«

Am 30. Juni 1971, einen Tag nach dem 26. und vorerst letzten Meeting im Müngersdorfer Stadion, waren die Bulldozer vorgefahren und hatten das morsche Gemäuer eingerissen.

Der da aus Anlaß der Einweihung der klubeigenen Sportanlage ein paar Steinwürfe entfernt klagte, war Fritz Nottbrock. Er hatte die Sportfeste seit ihrem Neubeginn nach dem Zweiten Weltkrieg, seit dem 6. August 1952 also, über 17 Jahre lang organisiert. Er war wie nur wenige mit dem Verein verwachsen, dessen Gründungsjahr im Jahr 1929 datiert.

Nottbrock fürchtete nichts weniger als den Zerfall eines Stücks Lebenswerk, und er wußte, woran er zuerst dachte, sobald die Erinnerungen wieder aufstiegen. Nachdem er, am 3. Juli 1932, bei den deutschen Meisterschaften in Hannover zur allgemeinen Überraschung den 400-Meter-Hürden-Lauf in deutscher Rekordzeit von 54,4 Sekunden gewonnen hatte, war es schon zu spät für die Nominierung zu den Olympischen Spielen in Los Angeles gewesen. Das wenige Geld, über welches das Nationale Olympische Komitee damals verfügte, war verplant. Bei den Leichtathleten reichte es für die Entsendung von fünf Frauen und 22 Männern.

Die Weltwirtschaftskrise hatte auch Deutschland in ein riesiges Armenhaus mit sechs Millionen Arbeitslosen verwandelt. Allerdings wollte das NOK nichts dagegen einwenden, wenn die drei Leichtathleten auf der Warteliste – neben dem Kölner standen auf ihr die Namen des späteren Präsidenten des Deutschen Leichtathletik-Verbandes, Max Danz und des nachmaligen Olympiadritten im Zehnkampf, Wolrad Eberle – mit Hilfe von Sammlungen in ihren Heimatstädten die 3700 Reichsmark Reisekosten zusammenkratzen könnten.

Es blieb dafür nicht mal eine Woche Zeit. Denn am 10. Juli würde die »Europa« aus Bremerhaven mit der Olympiamannschaft an Bord auslaufen. Aber die Nachzügler erreichten den Passagierdampfer pünktlich! In Köln beim ASV war das klubeigene Finanz- und Organisationsgenie Jo Fischenich von Pontius bis Pilatus gelaufen. Er hatte in der Geschäftswelt an alle seine Freunde einen kölnisch-patriotischen Appell gerichtet, und Nottbrock zeigte sich den edlen Spendern und Förderern gegenüber erkenntlich. Nach sechstägiger Überfahrt und weiteren vier Tagen auf der Eisenbahn lief er am 31. Juli mit der Zeit von 53,7 Sekunden den zweiten deutschen Rekord.

So war der ASV zu seinem ersten Rekordmann und Olympiateilnehmer gekommen, und nebenbei sind mit Fischenich und dem Athleten Nottbrock jetzt schon zwei wichtige Persönlichkeiten genannt, die das internationale ASV-Meeting über die ersten 35 Jahre hinwegschaukelten.

Gleich für das erste Sportfest waren die Pauken und Trompeten herausgeholt worden. Man begrüßte am 17. Juli 1934 gemeinsam mit dem Rasensportverband schon 15000 Zuschauer sowie Sportler aus sechs Nationen, und nach einer kurzen Atempause strömten am 10. August 1936 – im Berliner Olympiastadion brannte noch die olympische Flamme – 35000 nach Müngersdorf.

Ein nach dem Goldrush müder Jesse Owens unterlag über 100 Meter seinem amerikanischen Landsmann, dem Olympiazweiten Ralph Metcalfe. Es war der einzige Auftritt des jungen Familienvaters in Köln, das nach der dritten Auflage in 1938 und einem Vergleichskampf mit Klubs aus Paris und Berlin am 27. und 28. Mai 1939 wegen des heraufziehenden Krieges den Laden bald dicht machte.

Mit den Sportfesten ging es erst 1952 weiter, und wieder erwiesen sich die Olympischen Spiele als eine junggebliebene Einrichtung. Die Tränen, denen der Luxemburger Josy Barthel nach seinem sensationellen Sieg im 1500-Meter-Lauf auf dem obersten Siegerpodest freien Lauf ließ, waren auch für den nach Helsinki auf Athletensuche geschickten Nottbrock Gold wert. Der kleine Mann hatte schon an seiner Angel gehangen, als er den Barmer Werner Lueg, den Weltrekordler, auf der Zielgeraden zum Entsetzen der Deutschen daheim vor den Radiogeräten angriff und überholte.

Danach wollten den mächtigen Schmächtigen aus dem winzigen Herzogtum 30000 Menschen sehen, ihn und die vollzählig erschienene amerikanische Frauen-Nationalmannschaft. Das internationale Flair hielt wieder Einzug in die deutschen Arenen. Endlich! Die gleiche Zuschauermenge wie 1952 pilgerte zwölf Monate später wieder nach Müngersdorf.

Konkurrenten und Freunde: Klaus Ulonska (links) und Manfred Germar (Bild oben). Kämpferisch war er schon immer, der Klaus Ulonska, hier gewinnt er sensationell einen 100-m-Lauf vor Manfred Germar

Am 30. Mai 1954 weichte indessen ein Dauerregen die Aschenbahn bis zum Grund auf, und die Kölner wußten, daß sich kein Spektakel abwickeln kann, wo der aufgeschleuderte Dreck den Läufern bis in den Mund und in die zusammengekniffenen Augen spritzte. Das aufrechte Häuflein war auf 5000 geschrumpft.
Trotzdem ist das Datum von einigem Belang. Wer nämlich schon einen Fernsehapparat besaß, sah in einem schwarzweißen Grieß die ersten bewegten Leichtathletik-Bilder. Erst die springflutartige Ausbreitung des neuen Mediums sollte bald die heute gewohnte Vertrautheit zwischen dem Athleten und dem Bürger herstellen, eine Vertrautheit, die zu den Zeiten der ohnehin nur dünnen Sportberichte in den Zeitungen, Rundfunkanstalten und von »Fox tönender Wochenschau« schier unvorstellbar war. Schon die Olympiade von Rom 1960 traf den Sehnerv eines Millionenpublikums, das jede Kneipe, in der eine »Flimmerkiste« stand, füllte.

Ein berückendes Talent

Und es waren zwei junge Athleten vom ASV, die mit den ersten Sportstars in die Wohnzimmer sprinteten. Sie hießen Manfred Germar und Martin Lauer, hervorgegangen aus der Jugendarbeit des Vereins. Fritz Nottbrock war glücklich. »Ein Lokalkolorit wurde in unsere internationalen Sportfeste gebracht, wie es wohl in diesem Jahrhundert nicht mehr möglich sein wird.«
Wenn Manfred Germar noch zwanzig Meter vor sich hatte, feixten die Jugendlichen vorn an der Barriere: »Endspurt!« »Endspurt!« Das klang einfältig, denn entweder läuft einer mit voller Kraft oder gar nicht. Aber der junge Schwarm im weinroten Trikot und in der weißen Hose, blond, sehr gerade gewachsen, groß, seriös, erlaubte sich diese Marotte. Oder vielmehr: Das war sein berückendes Talent. Es gab eine Zeit, 1957, da war Germar der Beste auf der Welt, unbesiegt, obwohl er bei der Hälfte der Strecke nie an erster Stelle lag.
Sieben Jahre später trat er ab, nachdem der Versuch, zum dritten Mal an Olympischen Spielen teilzunehmen, gescheitert war. Nur 1956 in Melbourne hatte er eine Medaille gewonnen. Bronze mit der Sprintstaffel. Im Abstand von zwanzig Jahren zu seiner Karriere würde er dem Journalisten Uwe Prieser mit gekonnter Selbstironie gestehen: »Das Unangenehme ist, daß ich kein Olympiasieger geworden bin. Es gibt Leute, die wetten darauf, und dann rufen sie mich an und wollen es nicht glauben.« Nach den 18 deutschen Rekorden, den drei Europa- und 23 deutschen Meistertiteln fragt keiner mehr.
Zugetraut hätte sie ihm jeder, die olympische Goldmedaille. Aber vor den Spielen in Rom 1960 mußte er sich einer Kieferoperation unterziehen, und als in letzter Minute noch eine alte Verletzung aufbrach, stürzte das deutsche Denkmal einfach um. 11,0 Sekunden im Vorlauf. Letzter Platz. Lauer ersetzte ihn in der Staffel, die das Gold gewann.

Ein Verlierer als Sieger

Aber! Damals konnten die Deutschen verzeihen! Keine Entsetzensschreie, keine Häme, nicht einmal ein Überlaufen zum aktuellsten schnellsten Mann der Welt, Armin Hary. Es war ein Wunderding. Wieder in die Republik zurückgekehrt, half das Publikum Germar auf die Füße, und wie in einem unsichtbaren Triumphwagen zog er von Stadion zu Stadion. Ein solches Phänomen, einen Verlierer nicht verkommen zu lassen, ist seitdem nicht mehr beobachtet worden in diesem unserem Lande.
Die ASVer fanden es herrlich. In den Sommern der Jahre 1958, 1960 und 1961 luden sie gleich zu zwei Festivitäten ein. Und was gab es damals für Rekorde zu brechen! Am 4. September 1955 hatte es in Köln damit schon angefangen. Heinz Fütterer trommelte über 200 Meter die Zeit von 20,6 Sekunden aus seinen kurzen, kräftigen Beinen und hielt ein letztes Mal den zwanzig Jahre alten Germar in Schach.
Der befand sich erst zwei Jahre darauf in jener Form, die es ihm erlaubte, sogar trotz der chronischen Startschwäche die Zielgerade in 10,2 Sekunden hinter sich zu bringen. Er »fraß« seine Gegner auf.
»Europarekord eingestellt!« Und »Neuer Europarekord!« Nämlich, als Martin Lauer die 110 Meter Hürden nach 13,7 Sekunden und wieder Germar die 200 Meter nach 20,4 Sekunden gepackt hatten. Das alles geschah am 31. Juli 1957. Am 2. Oktober machten sich die glorreichen Zwei über die Europarekorde auf den krummen Yardsstrecken der Briten her. Germar schaffte über 220 Yards (201,17 Meter) 20,8 Sekunden, Lauer auf der gleich langen Hürdenstrecke 23,1. Auch bei 200 Meter standen drei Zeitnehmer und stoppten 22,9 heraus. Es konnten gar nicht genug der Höchstleistungen sein. Sogar über 4mal 110 Yards – 40,9 Sekunden – schlugen die Weinroten zu.

SV

Die 18000 froren erst auf dem Nachhauseweg. »Erste Flutlichtveranstaltung« steht außerdem noch in den alten Blättern.
Das nächste Jahr, 1958, bescherte bei der Erstauflage des Sportfestpaares eine Jahresweltbestleistung von 10,3 Sekunden durch Germar sowie den deutschen Vereinsstaffelrekord von Bayer Leverkusen – mit Hary – in 40,3 Sekunden vor dem ASV und bei der Zweitauflage, wie konnte das nur passieren? Durch ein zusammengewürfeltes Quartett tatsächlich einen Weltrekord. Weil die Europameister Hary und Walter Mahlendorf abgesagt hatten, halfen der Weitspringer Manfred Steinbach und Lauer aus. Die deutsche Leichtathletik schöpfte mit großer Kelle aus einem vollen Sprinter-Teich.

Ein weiser Mann als Richter

Der 1. Juli 1959. Trübes Wetter. 25000 Zuschauer. 13. Meeting. Lauer schlug über die Hürden den Amerikaner May in 13,6 Sekunden und stellte über 200 Meter Hürden mit 22,6 schon wieder einen Europarekord auf.
Der 15. Juni 1960. Regenschauer, 30000. 14. Meeting. Gründe fürs Feiern lagen immer vor. Diesmal war es Carl Kaufmanns Europarekord über 400 Meter in 45,7 Sekunden, Helmut Janz' deutscher Rekord über 400 Meter Hürden in 50,6 Sekunden und ASV Kölns deutscher Staffelrekord in 40,3.
Der 16. September 1960. Petrus war ein wunderbarer Mann, 50000, ausverkauft. 15. Meeting. Die Kölner hatten die aufwühlende römische Elegie ihres Manfred Germar ins Langzeitgedächtnis abgelagert. Jetzt wollten sie ihn trösten und auch den leichtfüßigen und leichter lebenden Olympiasieger Hary erleben, der in der Zeit von 10,3 auch standesgemäß gewann. Eines der bewegendsten olympischen Duelle. Otis Davis gegen Carl Kaufmann – der verzweifelte wie vergebliche Sturz des Karlsruhers ins Ziel nach einer Zentimeter um Zentimeter gewinnenden Aufholjagd; die Ausrufung des Weltrekordes von 44,9 Sekunden für beide: auf einer Aschenbahn!! –, es riß die Menschen auch in Müngersdorf von den Sitzen. Wieder hetzten der Amerikaner und der Deutsche nebeneinander über die Ziellinie, nach 45,7 Sekunden. Und unter den Zeitnehmern saß dieses Mal ein weiser Salomon und urteilte

Beim ASV-Sportfest stellte Armin Hary mit 10,2 Sekunden zum dritten Mal den Europarekord ein (Foto links). Nach dem Rennen: Hary mit dem geschlagenen Manfred Germar (kleines Bild)

gerecht: totes Rennen, kein Verlierer.
Nichts währt ewig. Fritz Nottbrock beschrieb den Kater nach den rauschenden Festen so: »Nach so vielen Sonnenveranstaltungen – die Kölner Presse sprach damals von dem berühmten ASV-Wetter, weil es so ausgesprochen sonnige Abende waren – erlebten wir 1961 zwei völlig verregnete Internationale, die dem ASV an die bis dahin so glänzende finanzielle Weste gingen, und von deren Auswirkungen er sich nur langsam wieder erholen konnte.«
Die Zuschauerzahl sackte ab auf 15000 und 12000, und 1962 war das Müngersdorfer Stadion zum ersten Mal eine Baustelle. Die Bahn wurde verkürzt, von 500 auf 400 Meter, das neue Standardmaß. Nichts war mit der schnellen Schuldentilgung.
Zwischen den Jahren 1963 und 1970 trat ein, was man eine Konsolidierungsphase nennt. Für die aufregendsten Momente sorgten Harald Norpoth, der am 7. September 1966 den Europarekord über 5000 Meter auf 13:24,8 Minuten hievte und Bodo Tümmler. Dessen Sturmlauf über eine von Pfützen übersäte Aschenbahn brachte am 10. Juli 1968 eine 1500-Meter-Zeit von 3:36,5 Minuten hervor, die nur zwei Zehntel über dem Europarekord des Franzosen Michel Jazy lag!

Ein Malheur mit Folgen

Zwischen 9000 und 20000 pilgerten damals zu den Veranstaltungen. Der ASV erhielt 1963 für seine Verdienste das Silberne Lorbeerblatt, die höchste Sportauszeichnung der Bundesrepublik, verliehen. Die Modelle Germar und Lauer liefen aus. Letzerer ging auf Krücken. Der Journalist Gustav Schwenk schrieb über die Hintergründe: »Abnutzungserscheinungen im Fuß quälten den damaligen Maschinenbaustudenten. Um an den Herd der Verletzung heranzukommen, wurden Medikamente gespritzt. Da passierte das Malheur mit großen Folgen. Ein Arzt setzte eine unsaubere Spritze, und statt des für den 1. Juli 1961 in Innsbruck geplanten Saisondebüts folgte ein rund einjähriger Krankenhausaufenthalt. Lange kämpften die Ärzte um das linke Bein, ja zeitweise auch um das Leben. Ohne sein hochtrainiertes Herz hätte Martin Lauer die Qualen dieser Wochen wohl nicht überstanden.«
Lauer war ein flotter Bursch'. Sein Studium finanzierte er als Schlagersänger. Mit sentimentalen Westernsongs enterte er die Hitparaden. Beruflich stieg er in den Atomkraftwerkbau ein, war sodann Generalbevollmächtigter einer Uhrenfirma für die olympische Zeitmessung von München 1972, und inzwischen ist er in der Computerbranche tätig.
Fritz Nottbrock wartete nur noch, bis Germar, zuerst als Hauptsportwart und später Klubpräsident, genug Abstand zur eigenen Sprinterei gewonnen hatte. 1967 begannen die beiden gemeinsam zu organisieren, von 1970 an übernahm der Nachfolger allein die Regie, noch vor der von Nottbrock so gefürchteten Unterbrechung. Sie hatte übrigens fünf Jahre gedauert und Germar während der ganzen Zeit die Ohren steifgehalten. Am 21. Mai 1976 nahm er die Tradition wieder auf.
Es war ein kalter Abend, das Thermometer zeigte nur elf Grad Celsius, und es regnete Bindfäden. Aber es kamen 24000. Wolfgang Schmidt aus der DDR warf mit dem Diskus Europarekord, 68,60 Meter, und die Münchnerin Marion Becker mit dem Speer deutschen Rekord, 62,80 Meter. Und weil's grad so schön war, schob der ASV am 1. September ein zweites Sportfest nach. Die Olympiasieger wollten abgefeiert sein, und schon wieder kamen 24000. Hinter John Walker stellte Thomas Wessinghage im 1500-Meter-Lauf einen deutschen Rekord auf, 3:34,8 Minuten. Die neue Sportler-Generation wußte mit dem Namen Germar schon nichts mehr anzufangen. Ein Sprinter soll er gewesen sein?
Plötzlich, es muß im Jahr 1978 gewesen sein, hatte der große Blonde einen kleinen strahlenden Dicken an seiner Seite, den unermüdlichen Positivseher Klaus Ulonska. Im Karneval einst die Jungfrau im Dreigestirn, aber auch, im Ernst, Stadtrat. Und von Beruf Geschäftsmann in Angelegenheiten der Dachdeckerei. Wenn er Athleten Geld rausrücken sollte, rechnete er im Kopf geschwind aus, wieviel Dachlatten er dafür verkaufen müßte. Danach sagte er ja oder nein.
Ulonskas eindrucksvollste Tat als Athlet war die Goldmedaille gewesen, die er mit der deutschen Sprinterstaffel bei den Europameisterschaften in Belgrad 1962 gewann. Er stand am Start, Germar am Schluß. Zu zweit warfen sie nun den langen Schwungriemen aufs große Schwungrad. »Er der Ruhige, ich der Laute!« stellte Ulonska ihre Seilschaft gern vor. Bald war er der Schatzmeister und das Spendenbeschaffungsinstitut im Verein. Einer wie der selige Fischenich. »Unser Sportfest muß in aller Munde sein!«, forderte Ulonska, und dafür überschwemmte er schon mal die Beizen, Knei-

pen und Lokale in der Kölner Bannmeile mit Stößen von Bierdeckeln, auf denen für das ASV-Meeting geworben wurde.
Die Besucherzahlen kletterten. Über 30000 in 1980 auf 35000, 40000 und 58000. Das Fassungsvermögen der Arena beträgt 61188 Plätze. Am 28. August 1983 war das Rund so gut wie zu. Der Amerikaner Sydney Maree und der Franzose Pierre Quinon erwiesen ihre Referenz und stellten über 1500 Meter – 3:31,24 Minuten – und im Stabhochsprung – 5,82 Meter – endlich wieder Weltrekorde beim ASV auf, die ersten seit jenem durch die Zufallsstaffel ohne Hary, abgesehen von jenen 49,38 Sekunden, die die Tschechoslowakin Jarmila Kratochvilova am 29. August 1981 über die 440 Yards gelaufen war.
Für das Olympiajahr 1984 bot der Schatzmeister die Wette an: proppenvoll! 70000! Die Leute, seine Vision, hocken übereinander! Der blendende Vorverkauf ließ die Vorfreude noch stärker ins Kraut schießen. »Wir werden ausverkauft sein!« verbreitete Ulonska, und am Ende glaubten es ihm die letzten zehntausend und mehr Unschlüssigen – und zogen es vor, den Sonntagnachmittag anderweitig mit der Familie zu verbringen.
»Vierzigtausend zahlende Zuschauer hatten wir.« Nur! Sie schlugen sich in Selbstanklage an die Brust. Trotzdem rollte am 26. August 1984 die harmonischste Veranstaltung ab, seit die Reihe wieder aufgenommen worden war. Der Beifall lief in heiteren Wellen über die Athleten hinweg. Der vierfache Olympiasieger Carl Lewis fand mit seinem 200-Meter-Lauf trotz 20,21 Sekunden noch kein Echo, das schallte erst zurück, als er in einer 4×100-Meter-Staffel als Schlußläufer acht Meter Rückstand gegen einen Kanadier mit Namen Mahorn wettmachte. Da brodelte es im Kessel. Die Olympiasiegerin Ulrike Meyfarth stieg im Hochsprung nach 1,85 Meter aus und verabschiedete sich leise nach einer einmaligen Laufbahn. Und sofort ging ein neuer Stern auf. Der 21 Jahre alte Brasilianer Joaquim Cruz, schon in Los Angeles der jugendliche Held auf der 800-Meter-Strecke, verfehlte Sebastian Coes Weltrekord nur um vier Hundertstel, mit der Zeit von 1:41,77 Minuten.
Es heißt, in Köln sei Manfred Germar eine Institution, und seine Stütze, der Klaus Dampf in allen Gassen, stellt eines dazu noch klar: »Mit uns wird der ASV immer überleben!«
Es klingt wie ein Rütli-Schwur.

Ein Weltrekord aus Trotz

»39,5! Deutsche Sprinter halten wieder einen Weltrekord! Zusammen mit den USA, die schon bei den Olympischen Spielen in Melbourne über 4 ×100 Meter 39,5 Sekunden liefen. Jetzt erzielten Manfred Germar, Heinz Fütterer, Martin Lauer und Manfred Steinbach beim Kölner Abendsportfest die gleiche phantastische Zeit.«
All dies hatte die Sportzeitschrift »Kicker« auf ihre Titelseite gerückt. Dazu vier Leichtathleten großformatig abgelichtet, zu Gast beim Fußball-Publikum.
Eine Frage an Germar, über 26 Jahre nach der erleuchteten Kölner Nacht am 29. August 1958: Woran können Sie sich noch erinnern? Er: »An gar nichts mehr. Doch! Armin Hary hatte kurzfristig abgesagt.« Angeblich, weil er sich nach den vorausgegangenen Europameisterschaften in Stockholm und seinen Siegen dortselbst über 100 Meter und mit der Sprintstaffel überanstrengt fühlte. Es wurde auf ein ärztliches Attest verwiesen. Für ihn sprang der Weitspringer Manfred Steinbach ein, und es stellte sich heraus, daß sie den Schnellsten und Eigenwilligsten nicht benötigten.
Ein Rekord aus Trotz und verletzter Ehre. Hatte nicht Heinz Fütterer am 31. Oktober 1954 in Yokohama mit 10,2 den 100-Meter-Weltrekord eines Jesse Owens eingestellt, und war er vier Jahre nach den Europatiteln über 100 und 200 Meter nicht gerade mit der Staffel erfolgreich gewesen? Germars Verdienste waren nicht blasser. 1957 die Nummer eins in der Welt des Sprints, seit den Olympischen Spielen in über siebzig Auftritten unbesiegt gewesen, Europameister über 200 Meter und mit dem schnellen Quartett. Dann der selbstbewußte Lauer, der schon mal, am Start eines Hundertmeterlaufs stehend, zu den Zeitnehmern auf ihrer Hühnertreppe am Ziel hinunterpfiff, wenn sie es nicht so eilig hatten wie er. Europameister über 110 Meter Hürden, das tollste Zehnkampftalent. Der konnte alles, außer mit dem Stab springen. Ein Intellektueller, neben den sich von gleich zu gleich der strebsame Steinbach stellte, der spätere Professor, der hohe Ministerialbeamte im Bonner Familienministerium, ein faszinierender Rhetoriker.
Figuren waren hier versammelt, denen das Gefühl, ihnen tanze ein Feinmechaniker auf der Nase herum, absolut gegen den Strich ging.
Im Innenteil des Blattes schwelgte der »Kicker« im Stil der Zeit unter der Überschrift »Auch ohne Hary...«:
»Als Mittelpunkt des Kölner Abendsport-

29. August 1958: Deutschlands 4×100-m-Staffel stellt mit 39,5 Sekunden den Weltrekord der Amerikaner ein. Manfred Germar, Heinz Fütterer, Martin Lauer und Manfred Steinbach konnten es selbst kaum fassen – ein zusammengewürfeltes Quartett hatte diese phantastische Leistung geschafft

ASV

festes am vergangenen Freitag war die Revanche Manfred Germar gegen Armin Hary über 100 Meter vorgesehen. Hary ließ sich wegen Krankheit entschuldigen, und die 100 m gewann... Agostini (Kanada) klar vor Germar. Im Programm stand zwar ›Rekordversuch der Nationalstaffel‹. Aber mit welchen Läufern, nachdem neben Hary auch Startmann Mahlendorf abgesagt hatte?

Aber ›gerade jetzt‹ wollten es Fütterer und Germar wissen. Als Startmann wurde Steinbach nominiert, der vorher im 100-Meter-Lauf prächtige 10,4 gelaufen war, und als zweiter Mann Martin Lauer. Die Nationalstaffel startete auf Bahn drei. Ihre Gegner waren zwei gemischte Staffeln auf den Bahnen vier und fünf. Entscheidend war, daß als Startmann einer gemischten Staffel direkt vor Steinbach Agostini (vorher 10,2 über 100 m) lief und so Steinbach in einem mitreißenden Lauf mitzog.

Lauer wechselte perfekt und lief kraftvoll. Fütterer startete wie immer genau im richtigen Moment, wechselte hundertprozentig mit Lauer und begeisterte in seinem Kurvenlauf die 40000. Auch Germar wechselte besser denn je und lief lockerer als in seinem Einzellauf. Ehe der Lautsprecher die Zeit bekanntgab, wußten die Zuschauer, daß die Staffel unter 40 Sekunden gelaufen war; denn die Freudensprünge von Lauer und Germar verrieten es. An einen Weltrekord wagte niemand zu denken. Der Holländer Adrian Paulen, IAAF-Mitglied und Zeuge des Laufes, erklärte, daß der Anerkennung des Rekordes nichts im Wege stehen dürfte.«

Es war eine Lust! Die Journalisten rückten auf die Sportseiten, daß Weitsprünge von 7,40 Meter zu bewundern waren, ein Stabhochsprung über 4,10 Meter durch den Wolfsburger Dieter Möhring. Theo Püll bezwang mit seinem gesunden Phlegma bei gleicher Höhe von 2,03 Meter – nein, natürlich nicht 2,30 – den Olympiazweiten Porter aus Australien. Ulrike Meyfarth war jetzt zwei Jahre alt.

Es ist für die Nachgeborenen ein Ausflug in eine ferne Vergangenheit, in die Bronzezeit des Leistungssports, wenn sie Vergleiche mit den Leistungen in den achtziger Jahren anstellen. Doch ist es vergnüglich, im Fahrstuhl in die Germar-Zeit zurückzugleiten. Hans Gebhardt schrieb im Düsseldorfer »Mittag«: »Der zweite Rekord kam unerwartet. Erika Fisch, der man nach den Europameisterschaften gegen die Meisterin von Stockholm, Liesel Jakobi, kaum eine Chance gegeben hatte, steigerte sich beim Weitsprung auf 6,21 m. Damit stellte sie den neun Jahre alten Rekord von Elfriede Nitsch ein. Ihre Leistung ist zugleich auch Jahresweltbestleistung.« Anmerkung: Der Weltrekord stand 1984 bei 7,43.

»In seinem ersten 400-Meter-Hürdenlauf seit 13 Monaten ging Martin Lauer auf der Außenbahn die Strecke forsch an. Auf den letzten Metern fehlte ihm aber gegen den Australier Lean – den Zweiten der Empire-Spiele – die letzte Kraft zum Sieg, aber seine gute Zeit läßt erahnen, was geschieht, wenn er sich einmal richtig auf diese Strekke konzentriert.«

Die damaligen Stars deuteten die in Siebenmeilenstiefeln um den Globus stürmenden Fort-Schritte bereits an. Lauer war mit den 51,2 Sekunden von Köln gleich der zweitbeste Deutsche hinter Helmut Janz.

Hans Gebhards Schlußsatz hieß: »Mit dem für Abendsportfeste traditionellen Zündholzfeuerwerk und der Vorstellung der sechs deutschen Athleten, die bei den Europameisterschaften in Stockholm zu Siegen kamen – nur Armin Hary fehlte leider –, klang die ASV-Veranstaltung aus.« Zündholzfeuerwerk!

Einführung in die große Welt: Der 21 Jahre alte Olympiasieger Edwin Moses lernt 1976 Manfred Germar kennen. Den geistlichen Beistand des Methodistenpfarrers Floyd Jackson wird der junge Amerikaner wenig später abstreifen: Er brauchte seine Einkünfte nicht mehr zu teilen

Im Dienst der guten Sache

»Ist das nicht«, rief der Kollege Michael Gernandt von der Süddeutschen Zeitung im Bus, der vom Hotel aus kommend die Athleten und einige Journalisten ins Stadion fuhr, »der Richard von Weizsäcker?« Wir passierten im Schrittempo die Kassenhäuschen, vor denen sich zwanzig Meter lange Schlangen gebildet hatten.

Am Ende stand der Politiker, der später der sechste Präsident der Bundesrepublik werden würde.

Klaus Ulonska ist ein Schwarzer, politisch und auch sonst. Er ist es leidenschaftlich, Gerne besucht Klaus Ulonska in Köln die kleine, ehrwürdige Kirche zur Schwarzen Mutter Gottes, in der die Einheimischen, seien sie arm, seien sie reich, am Altar ihre großen und kleinen Anliegen im stillen Versenken vortragen. Als sichtbares Zeichen für ihre Wundergläubigkeit zünden sie Kerzen an.

Der ASV-Schatzmeister kehrt regelmäßig ein. Er schlägt sich zu denen, »die hingehen, wenn sie den Herrgott ein bißchen bestechen wollen«.

Je näher das Sportfest rückt, um so zahlreicher wird sein Bitten um Sonnenschein und allgemeines Gelingen, bis am Sonntagmorgen, wenige Stunden vor dem Beginn, zehn Kerzen im Namen und Auftrag des Vorstandes um die Wette flackern.

Manfred Germar sagt: »Wir haben dafür im Etat 300 Mark ausgewiesen.«

1980. Olympiajahr. Die Amerikaner und die Bundesdeutschen, aber nicht nur sie, boykottierten die Moskauer Spiele wegen der Afghanistan-Krise. Nach dem halbierten Fest blieben die Medaillengewinner des Ostblocks mit wenigen Ausnahmen daheim, und die aus dem Westen oder neutralen Ausland waren dünn gesät.

Zwei Tage vor dem ASV-Meeting flogen Manfred Germar nach London und Klaus Ulonska nach Berlin zum ISTAF. »Wir hatten noch keinen einzigen Sportler mit Edelmetall!« Sie waren rechtschaffen nervös.

»Wir wußten, daß ein Australier, Olympiazweiter, in Berlin zweitausend Mark bekam. Ich nahm Kontakt mit ihm auf, und er verlangte für einen Start bei uns jetzt bereits 1500 Dollar.«

Ulonska weigerte sich strikt, auf den Handel einzugehen, woraufhin der Herr meinte, er sei eh' müde. Der in seiner Standfestigkeit bald schon wieder zweifelnde Kölner fragte nach dem Verstreichen einer dezenten Schamfrist vorsichtig nach, wieviel er drauflegen müsse, damit der junge Herr halt nicht mehr müde sei. Die Antwort: Bei 2000 Dollar würden ihm wohl wieder die Augen geöffnet.

»Nach dem Rennen im Olympiastadion, das er gewann, erklärte der Läufer, er sei doch sehr, sehr müde. Also gut, ich kannte schließlich unsere Notlage und er offenbar auch. Ich erhöhte auf 2500.« Sie wurden sich handelseinig.

Der Australier belegte in Köln den achten und letzten Platz – hundemüde.

Germar hatte derweil einen ganzen Sack voll Athleten aus London mitgebracht, den »Berliner« hätten sie nicht gebraucht. Nicht für das Geld. Er ging in die Meeting-Geschichte des ASV als das teuerste Schlußlicht ein.

Von der Art flunkern die Anekdoten nach Art des Schatzmeisters.

Des Olympia-Boykotts von 1980 gewiß, hatten sich die beiden Kölner Organisatoren schon im Juni im Schlepp der Nationalmannschaft, die dort einen Länderkampf bestritt, nach Warschau begeben, um zu versuchen, mit den polnischen Funktionären auch in diesen schwierigen Zeiten den roten Faden nicht abreißen zu lassen.

Erschwerend kam hinzu, daß es im Zuge von Arbeiterunruhen, die zur Gründung der Gewerkschaft »Solidarität« geführt hatten, zu einem politischen Machtwechsel gekommen war, und die Polen hatten damals grundsätzlich anderes im Kopf als Leichtathletik-Sportfeste. Die Offiziellen der Sportadministration dachten beispielsweise intensiv darüber nach, wie sie ihre Posten retten konnten.

»Klaus, wenn ich die Polen zu uns kriege, lasse ich mich mit Wodka vollaufen«, stieß Germar eine verzweifelte Drohung aus. So becherten sie im Dienst der guten Sache mit dem Verbandspräsidenten und dessen Leuten. Germar wollte mit mir danach nur noch über das Ende ihrer Dienstreise reden. »Gegen zwei Uhr in der Nacht steht der Ulonska auf« – er sagte Ulonska wahrscheinlich, weil er ihn nicht wiedererkannte – »und rennt mit voller Kraft durch die geschlossene Hoteltür.« An den Rhein flogen die Polen trotzdem nicht.

Im Sommer 1981 lebte jeder Organisator, der etwas auf sich hielt, unter dem inneren Zwang, entweder Sebastian Coe oder Steve Ovett seinem Publikum vorzeigen zu müssen. Da traf es sich für die zwei Unzertrennlichen vom ASV günstig, daß die deutsche Nationalmannschaft im Crystal Palace, der Heimstätte der britischen Leichtathleten im Londoner Vorort gleichen Namens, ei-

nen Länderkampf auszutragen hatte.
Es könnte ja sein, daß sie dort die Honneurs mit den königlichen Mittelstrecklern austauschen könnten.
Das Duo schlenderte früh ins Stadion. Der Türsteher vor der Haupttribüne verwickelte sie in ein nettes Gespräch, das er mit dem Angebot krönte, seinen Schnupftabak probieren zu sollen. Zwei Sorten bot er an.
Germar tippte sich nach anfänglichem Zögern eine Brise auf den Handrücken und zog sie in die Nasenlöcher hinein. Er fühlte die Befreiung und mochte jetzt auch der zweiten Geschmacksrichtung, Erdbeere, nicht widerstehen.
Im gleichen Atemzug, da der Tabak die Schleimhäute berührte, verdrehte Germar die Augen, Schwindel erfaßte ihn, und Ulonska rief wie wahnsinnig um Hilfe. Dann wurde sein Kamerad auf eine Holzbank gebettet, der inzwischen informierte Ansager rief ins halbleere Rund dringend nach einem Arzt, und es erschien eine Ärztin, die Ulonska beauftragte, sofort einen Schnaps zum Ankurbeln des Kreislaufs aufzutreiben.
Er kehrte mit leeren Händen zurück, und wie er den Freund liegen sah, der Puls kaum mehr fühlbar, hörte er sich flehentlich in mit Kölsch eingefärbtem Deutsch bitten: »Sorgen Sie bitte dafür, daß er wenigstens noch bis zum Internationalen lebt!« Die Ärztin tat ihm den Gefallen und päppelte den Allergie-Geplagten wieder hoch.
Sebastian Coe startete 1982 im Müngersdorfer Stadion. Aber nicht aus Mitleid.
Den 28. Geburtstag, den er mit seinem Freund Edwin Moses feierte, wird Klaus Ulonska immer in seliger Erinnerung bewahren. »Ich hatte ihn mit seiner Myrella ins beste Hotel eingeladen. Wir tafelten bei Kerzenlicht, tranken ein gutes Schlückchen Wein, um Mitternacht intonierte die Kapelle für Ed ein Ständchen, und ich überreichte ihm als Geschenk ein kostbares Porzellan. Wir vom ASV haben erst für die richtige Stimmung gesorgt, aus der heraus Moses am nächsten Tag den Weltrekord laufen konnte.«
Hundertundfünfzehn Kilometer südlich. In Koblenz.
Die zwei Organisatoren G. und U. bekamen, je näher das 1983er Sportfest rückte, um so kältere Füße. Am Freitagabend, zwei Tage vor der eigenen Veranstaltung, fuhren sie zum Meeting Ivo-van-Damme nach Brüssel. Sie suchten ein paar Ringeltauben, preisgünstig und trotzdem von überdurchschnittlicher Qualität.
Dort trafen sie wieder auf Sydney Maree, der ihnen schon ein paar Wochen vorher geflüstert hatte, nicht jetzt, aber im August sei er garantiert reif für den 1500-Meter-Weltrekord. Solche Bauchlandungen wie ein achter Platz sollten sie einfach übersehen, und wenn der Amerikaner auch bei den Weltmeisterschaften in Helsinki nicht nervös wurde, wo er den Endlauf von außen erlebte, Ulonska wurde es jetzt schon eher.
Nur Germar blieb ruhig und bei seiner Zusage.
Man fuhr ins Heysel-Stadion und erlebte, wie Maree abgehängt und Fünfter wurde. Ulonska brausten die Ohren. »›Du kannst jeden nehmen‹, habe ich zu Manni gesagt, ›nur den Sydney nicht.‹ Bei der Art, wie er lief, dachte ich, daß er die ersten achthundert Meter nicht durchsteht.«
Sie hakten ab. Erledigt. Um Mitternacht an der Bar des Athletenhotels sagte der fest eingeplante Steve Scott ab, der Spanier Jose-Luis Gonzalez verlangte dreitausend Dollar, zu viel für den Geschmack der gelernten Sprinter – also einverstanden: mit Bauchweh, Maree, komm! Außerdem: Wer ist schon gerne wortbrüchig!
Der 1500-Meter-Lauf in Köln wurde eine eigenartige Geschichte. Der 800-Meter-Läufer Dave Mack zog als »Hase« den Landsmann gleich aus dem Pulk der übrigen Läufer heraus. Sie führten im Nu mit 15 bis zwanzig Meter Vorsprung. Von der 1000-Meter-Marke an war Maree alleine dort vorne. Seit der Zwischenzeit nach der ersten Runde, 54,63 Sekunden, hatte er sich exakt auf Weltrekord-Kurs befunden, aber das Mikrophon blieb stumm, kein Geschrei wie sonst, auch kein auffälliges Anfeuern aus dem Publikum heraus, Maree kämpfte sich durch. Er knautschte sich mit dramatisch auslaufenden Energien über den Zielstrich, pumpte mit dem Oberkörper, rang nach Luft, und plötzlich, nach einer halben Minute, war überall der Groschen gefallen. Wo steht um Himmels willen der Weltrekord?
Bei 3:31,36! Aber – dort auf der Tafel steht 3:31,24!
Dies ist auch eine Methode gewesen, sich aufzudrängen.
Der größte Lacherfolg? O ja, hätten die Menschen genügend Platz gehabt, sie hätten sich gekugelt. Das war, als der Ansager Schwenk bei der Vorstellung eines Langstrecklers Exklusivwissen hinausrief: »Der Chilene Edmundo Warnke ist der Sohn eines deutschen Großvaters!«

Koblenz: Blanko-Scheck und Spar-groschen

Fredy Schäfer macht das Meeting seit 1963. Es ist nicht so, daß er oder einer vom Verein den einsamen Entschluß faßte, eine Nacht darüber schlief, am nächsten Vormittag mit kühler Berechnung in eine Buchhandlung ging, um sich dort einen Leitfaden mit dem Titel zu kaufen: »Wie veranstalte ich Leichtathletik-Sportfeste?« (Abgesehen davon, daß es den bis heute nicht gibt.) Und dann einen Freundeskreis zusammentrommelte, der die Organisation mit genießerischem Planen auf die Beine stellte; augenblicklich schulterbeklopft vom Oberbürgermeister bis zum ortsansässigen Handel und Wandel mit ihren bekannt maßgeschneiderten Spendierhosen.
Damals besaßen noch nicht die achtzig Prozent der bundesdeutschen Haushalte einen Telefonanschluß wie zwanzig Jahre später – im Gegenteil, weit davon entfernt. Doch Schäfer, heute Amtsrat, hatte als Postbeamter hauptberuflich mit dem schnellen Herstellen von Kontakten zu tun, und als Dr. Berno Wischmann ihn eines Tages anläutete, war die Angelegenheit auch schon besonders dringend.
Wischmann saß in Mainz, und bei seiner Zuneigung zu Japan konnte es kein Wunder sein, daß sich bei ihm am Sportinstitut an der Johannes-Gutenberg-Universität, welches er gründete, eine Gruppe fernöstlicher Leichtathleten zum Zwecke des letzten Schliffes eingefunden hatte. Sie befand sich auf der Reise zu Studentenweltmeisterschaften und hätte zwischendurch gerne einen Aufbauwettkampf gehabt.
Schäfer sollte ihn auf die Schnelle organisieren. Wischmann traute es ihm also zu. Es blieben vierzehn Tage Zeit. Organisieren, zur Not, ja. Aber wo? Die Bahn im Stadion unten in Oberwerth, im engen Rheintal, maß 450 Meter, ein Überbleibsel aus der Pionierzeit. Den Gästen sei neben einem Essen sowie der Übernahme der Kosten für den Omnibus zumindest die international gängige Bahnlänge von 400 Metern anzudienen. Dies glaubte man, schuldig zu sein. Das benachbarte Neuwied bot sich mit einer noch ziemlich neuen Anlage an, und der Plan wurde auch nicht mehr verworfen, als sich herausstellte, daß dort eine Runde 402,50 Meter maß. Schäfer befand: »Da hätten wir auch in Koblenz bleiben können.«
Am 23. August 1963 waren immerhin tausend Menschen neugierig genug, um bei kühlem Wetter die kleinen und flinken Japaner zu begutachten. Einer warf den Hammer 60,76 Meter weit, ein anderer sprintete eher mittelprächtige 10,5 Sekunden, handgestoppt, über hundert Meter. So gesehen, waren tausend Leute viel Volk. Und ein Defizit gab es schon überhaupt nicht.
Die bläßlichen Resultate ruhen in vergilbten Blättern, und jenes Sportfest hat seinen höheren Sinn auch nur deshalb erhalten, weil mit ihm in Koblenz alles begann. Oder besser: wieder begann.
Schäfer war zu der Wischmannschen Offerte nicht wie ein heuriger Hase gekommen. Er war Lehrwart im Landesverband Rheinland, aber genau richtig für die besonderen Zwecke des Veranstalterwesens war er eigentlich erst deshalb, weil er einer von den alten Rot-Weißen war. Kein Herausragender im Leistungssport, diesen Anspruch hat er mit seinen Bestleistungen von 10,8 Sekunden und den qualitätsmäßig ähnlich gelagerten 6,79 Meter im Weitsprung trotz des Gewinns zweier Landestitel – der Verband Rheinland ist zugegebenermaßen klein – nie vertreten.
Aber nach eines Mannes sportlicher Karriere stehen schließlich neue Waagschalen bereit, und sie gewichten nun ganz andere Fähigkeiten und Talente. Weitblickende Vereinsvorstände halten sich deshalb bewußt auch diejenigen jungen Mitglieder gewogen, die zwar nicht über den schnellsten Muskel, dafür jedoch über eine auf lange Sicht mindestens ebenso glückhafte Kombination von schnellem Schalten und Walten verfügen.
Schäfer ist, was man einen geselligen Mann nennt. Froh, heiter, leutselig und in der Wolle des Vereins eingefärbt. Conny Hermann, eine lokale Größe, hatte die Leichtathletik-Abteilung von Rot-Weiß Koblenz im Jahre 1947, zu einer Zeit, in welcher der technische Fortschritt am Holzvergaser-Auto festgefahren schien, aus dem Nichts heraus gegründet und aufgebaut. Diesem für das Organisatorische begabten Menschen ging wenig später mit Dr. Wischmann ein Trainer zur Hand, dessen Menschenbetreuung Züge ins Legendär-Genialische aufwies.
Der war ein Urtyp. Zirkuskind mit zigarrenrauchender Großmutter im Stammbaum, während des Zweiten Weltkrieges beim Afrika-Corps im Stab von Generalfeldmarschall Manfred Rommel ein junger Adjutant und als Mitbesitzer eines Steinbruches finanziell unabhängig, wiewohl er sich aus Geld nie etwas machte und nur rettungslos der Droge Leichtathletik verfallen war.

Das Wort von der »guten, alten Aschenbahn« ist auch ein Allgemeinplatz. Beim 1968er Meeting in Koblenz konnte nach einem Gewitterguß die Innenbahn nicht mehr benutzt werden. Die Läufer, vielleicht mit Rekordabsichten gekommen, beschieden sich notgedrungen mit Platz und Sieg, wie Bodo Tümmler im Rennen über 1500 Meter

Dieser Wischmann brachte es mit seiner Begeisterung und seinem spielerischen Können fertig – er ist dann noch Lehrwart im Deutschen Leichtathletik-Verband geworden –, daß Rot-Weiß bis zu seinem und seines Gegenpols Hermann Abschied am Ende der fünfziger Jahre neunmal im Finale um die deutsche Vereinsmeisterschaft stand und dabei sechsmal den zweiten Platz innehatte.

Nebenbei sorgte er für sieben, der Zeit angemessene, fette Jahre von Sportfesten. Die Bürger sollten ihre Sportler aus der Nähe erleben. Es kamen immer zwischen drei- und sechstausend, 1957 sogar zehntausend. Sie fanden ihre Genugtuung, denn 28 Koblenzer trugen das Nationaltrikot, zwischen 1949 und 1955 sicherten sie sich dreißig deutsche Einzeltitel.

Mit der Leichtathletik war danach in der Stadt am Deutschen Eck nicht mehr viel Staat zu machen gewesen, die Blüte war dahin, ein Glücksfall hatte sich vollendet. Wischmanns Telefonanruf traf endlich eine Stimmungslage bei den Zurückgebliebenen an, die sich unter allen Umständen doch wehren wollten gegen den morbiden Geruch des Zerfalls.

Sollte die große Leichtathletik wieder eine regelmäßige Station am Oberwerth einlegen, hatte als erstes die Bahn auf die richtige Länge gebracht zu werden. Dazu bedurfte es des Beschlusses durch den Eigentümer, der Stadt, deren Rat, hierbei unter Zeitdruck gesetzt, ihn auch herbeiführte. Denn die Rot-Weißen bewarben sich im Vorgriff des Kommenden bereits für den Sommer 1964 um die Ausrichtung der deutschen Juniorenmeisterschaften.

Richtig los und seither ohne Unterbrechung mit den internationalen Meetings ging es am 14. Juli 1966. Die Südafrikaner mit dem weltbesten Sprinter Paul Nash befanden sich in Europa; sie waren noch nicht wegen der Apartheid-Politik aus dem Sportverkehr ausgeschlossen. Solche Bonbons werden einem Mann, dessen Fähigkeiten zum Organisator immer noch wie in einem Kokkon schlummerten, nur einmal im Leben vor die Nase gehalten, und er mußte sich entscheiden.

Schäfers Motor sprang sofort an, als hätte er nur auf das Auslösen der Initialzündung gewartet. Er richtete den Platz mit seinem Team wieder innerhalb von zwei Wochen her, stellte abstützend die Organisation mit Einladungen in die deutsche Provinz dahinter... und dann regnete es wie aus Gießkannen. Dreihundert Zuschauer verloren

Henry Rono, der vierfache Weltrekordmann 1981 in Koblenz

»Mickey Mouse« Dwight Stones und Trainer Dragan Tancic – in allen Stadien gern gesehene Gäste. Der Amerikaner ist wegen seiner Show überall beliebt (oben). Ein gewohntes Bild: Edwin Moses, der 400-m-Hürdenstar aus den USA, ganz oben, Harald Schmid aus Gelnhausen hat gegen ihn – wieder einmal – verloren (unten links). Florence Griffith, ein lebender Beweis, daß Sprint durchaus mit Schönheit verbunden sein kann (unten rechts)

sich unter dem Dach der kleinen, antiquierten Tribüne. Die Stadt sprang gottlob zur Hilfe und bot zehntausend Mark Ausfallbürgschaft an. Schäfer: »Wir sagten: ›Ach was, fünftausend reichen.‹ Ich fasse mich heute an den Kopf!«

Nicht nur Wassertropfen, auch ein paar wohlmeinende Lobreden regneten auf die tapferen Organisatoren herab: Das regt nach einer Zeit der Niedergeschlagenheit für gewöhnlich bald die Phantasie wieder an, besonders beim Abschiednehmen von der buntscheckigen Clique, wenn es heißt: »Also dann, vielleicht bis nächstes Jahr!«

Der Mittwochtermin stand von Anfang an fest, aus sehr pragmatischen Gründen. Sicherlich waren die Südafrikaner an den Wochenenden ihres Europatrips ausgebucht gewesen, aber dieser Umstand traf sich gut mit Schäfers ursprünglicher Sparsamkeitsüberlegung, mit dem Sportfest zur Wochenmitte das Übernachtungsgeld für die angereisten berufstätigen deutschen Sportler einsparen zu können. Die mußten schnell wieder heim und anderntags arbeiten.

Inzwischen stützen gänzlich anders gelagerte Sachverhalte den Mittwochabendtermin ab. »Wir können«, erläutert Schäfer, »nicht vor 19 Uhr beginnen. Wir waren früher bei 18 Uhr oder 18.30 Uhr. Wenn die Einzelhandelsgeschäfte schließen, sagen die Leute: ›Jetzt fängt das in Oberwerth an, bis ich draußen bin, ist die Veranstaltung gelaufen.‹ Wir müssen auch auf die Soldaten Rücksicht nehmen. Wir sind die größte Garnison in Europa. Wir müssen daran denken, daß wir 40000 Einpendler nach Koblenz haben. Die bleiben zur Not auch mal einen Abend da. Aber wenn sie schon einmal zu Hause sind, kann man sie am Sonntag kaum wieder in die Stadt bewegen; die Leute müßten erst ein psychologisches Hindernis überwinden.«

Am 5. Juli 1967 fanden sich gemeinsam mit Teilnehmern aus jetzt fünf Nationen schon dreitausend Besucher ein, und wichtig war, daß der Cheftrainer von Bayer Leverkusen, Bert Sumser, eine Busladung voll Athleten herankarrte, von nun an regelmäßig.

Den Durchbruch des Meetings datiert Schäfer allen Widrigkeiten zum Trotz auf den 17. Juli 1968. Sportler aus zwölf Nationen und vier Erdteilen: Im Programmheft führte einer der Honoratioren diese Tatsache als bemerkenswert auf. Ein Gewitterregen setzte die Aschenbahn völlig unter Wasser. Sie wurde mit Benzin übergossen, das, angezündet, romantisch ausschaute. Sonst konnte jedoch nicht mehr viel sein, vor allem keine außergewöhnliche, in den Köpfen haftenbleibende Leistung.

Die zehntausend Zuschauer würden in den darauffolgenden Jahren zeigen, daß sie, was sport- und leichtathletikeigen sein mag, das Langzeitgedächtnis von Elefanten besitzen. Erst 1975 kletterte nämlich ihre Zahl wieder über sechstausend hinaus auf achttausend. Vielleicht auch, weil die deutschen Leichtathleten ihre nach dem sechsfachen Gold von München 1972 bald einsetzende Talwanderung beendet hatten.

Karl-Hans Riehm stellte sich als frischer Weltrekordler im Hammerwerfen vor, Thomas Wessinghage griff auf der Distanz über 1000 Meter den Europarekord an. Und es hatte sich herumgesprochen, daß Koblenz, sogar Koblenz, eine Beamtenstadt am Rande des Tourneen-Theaters der großen Städte wie Zürich, London, Stockholm, Helsinki, Berlin und Köln, eine Reise wert war für die Artisten und Sportisten (nach einem Wort von Professor Heinz Oberbeck), die sich allmählich aus der Amateurmasse herauszubilden begannen. Diese Halbprofessionellen, vorzugsweise aus den USA und Afrika, gaben die Gewähr für Weltklasseleistungen ab.

Eigentlich bis 1981 agierten Schäfer und seine Mannschaft bei der finanziellen Organisation des Meetings ohne Netz. Der Koblenzer Journalist Gerd Michiels schrieb in seinem Aufsatz »Sportfest mit Familien-Charakter« im Programmheft 1983 über dieses Kapitel unter anderem: »Die Mannen um Schäfer müssen ihre Arbeitgeber um Vorschuß bitten, um die Spesen der Athleten überhaupt bezahlen zu können. Mancher von ihnen greift seine Spargroschen an, und einer legt sogar – im Vertrauen auf den Erfolg – sein Scheckbuch blanko hin.«

1974 waren sie alle zusammen bei nur dreitausend Zuschauern im Minus, 30000 Mark mußten beim nächsten Mal eingespart werden, das Programmheft schrumpfte auf 16 Seiten. Die Sumsers hatten ihren Einfluß verloren, und mit den Anforderungen waren die Ansprüche gestiegen. Niemand der Geschäftsleute in kurzen Hosen hörte hin, wenn Schäfer klagte, daß die Fußball-Weltmeisterschaft im eigenen Land das Zuschauer- und Medieninteresse allein auf sich gezogen und den Leichtathleten das Wasser abgegraben hatte.

Ein Olympiajahr sorgt dagegen für neue Schubkräfte, auch bei den Sportfesten; das Leben bemüht sich durchaus um einen

USA

4
3

Said Aouita lief und siegte 1984 zum ersten Mal auf dem Oberwerth – über 1500 Meter. Der Olympiasieger lieferte nicht den erhofften Weltrekord ab, aber kluge Veranstalter lassen den wenigen Stars die Zeit zum Schnuppern, damit vielleicht eines Tages...

gerechten Ausgleich. Die Menschen sind vorfreudig gestimmt. Sie wollen ihre Olympiateilnehmer verabschieden. Die Zahl der Neugierigen schlägt günstig zu Buche. Zwölftausend zogen am 4. August 1976 zum Oberwerth, und wonach ein jeder Veranstalter strebt, es wurde Wirklichkeit: Der spätere Olympiasieger Jacek Wszola stellte – einmal abgesehen von Manfred Germars eher folkloristisch zu nennenden Europarekord über hundert Yards (91,44 Meter) in 1957 – den ersten hochrangigen Europarekord auf, als er im Hochsprung die schon zur Sportlegende gewordenen 2,28 Meter von Valeri Brumel aus dem Jahr 1963 um einen Zentimeter verbesserte. Das Hochgefühl darüber hielt im Umkehrschluß zu jenem »Benzin-Meeting« glatt zwölf Monate an.

Am 7. September 1978 zogen die modernen Zeiten ein: Der Nachzügler leistete sich seine Kunststoffbahn. Schäfer war der letzte gewesen, der seine Tingler auf die Aschenbahn hatte komplimentieren müssen. Sein Hinken hinter den an der Spitze der Entwicklung mitmarschierenden Kollegen hatte ihn freilich auf den Trichter gebracht, daß es bei den Meetings in erster Linie rund gehen sollte. Wo die Sprinter abwinkten, litten die Mittel- und Langstreckler unter der Umstellung von der Asche auf den Kunststoffbelag. Hartnäckige Achillessehnenreizungen plagten sie, und deshalb fuhren sie weiterhin gern nach Koblenz.

Schäfer stellte sie heraus. Wo sonst noch gerieten die Sprinter in jener Zeit zur Nebensache, kaum der Rede wert? Mit Lästermäulern hatten sie mit dem vor Arroganz strotzenden Spruch das Meinungsbild beherrscht: Je länger der Lauf, desto kürzer der Verstand. Sie würden noch Abbitte leisten müssen. Es war trotzdem abzusehen, wann die Aschenbahnen von dem in immer größeren Gruppen durch Europa reisenden multinationalen Troß links liegengelassen würden.

Zwölftausend bei der Einweihung am 7. September! Neuer Zuschauerrekord! Das Datum war neu. Schäfer war jetzt in den Spätsommer gegangen, wenn am Rhein die Mücken im Gegenlicht der Abendsonne tanzen, und seitdem überschlug sich in den Rückblicken der Programmhefte die Beschreibung des Wetters: ideale Witterung, ideale Bedingungen, beste Bedingungen, Topbedingungen. Die Leistungen hielten in jeder Weise Schritt.

Am 6. September 1979 verpaßte der Brite Steve Ovett über tausend Meter mit der Zeit von 2:15,91 Minuten den Europarekord noch um vier Zehntelsekunden. Am 27. August 1980 aber stellte er, inzwischen Olympiasieger im 800-Meter-Lauf geworden, in einem der denk- und merkwürdigsten Rennen in der Leichtathletik-Historie den ersten Weltrekord in der Rhein-Mosel-Stadt auf, als er für die 1500 Meter nur 3:31,36 Minuten benötigte und die Deutschen Thomas Wessinghage und Harald Hudak noch unter den bis dahin bestehenden Weltrekord von 3:32,1 mitzog.

Der Weltrekord veränderte schlagartig die Bedeutung dieses Meetings. In allen Köpfen. Die Läufer wußten, daß Koblenz offenbar etwas Besonderes anzubieten hatte, die Zuschauer ahnten, daß die Läufer wirklich so dachten, die Organisatoren, Schäfer im Verein mit Karlheinz Pretzer und Walter Thul, bekamen in jeder Hinsicht Boden unter die Füße, und das Teilen mit den Athleten – fast hätte ich gesagt: das brüderliche Teilen – klappte.

22000 Zuschauer. Ausverkauft! In 1981, 1982 und 1983!

Ovett kehrte zurück und lief Weltrekord über die englische Meile (1609,32 Meter) in der Zeit von 3:48,40 Minuten, und zwei Jahre später steigerte Edwin Moses über 400 Meter Hürden seine Höchstleistung um elf Hundertstel auf 47,02 Sekunden, und der vor dem Überschwappen nicht gefeite Ansager Peter Brühl sang zu Ehren des Amerikaners an dessen 28. Geburtstag ein »Happy Birthday«, daß die Heide wakkelte.

Der vorläufige Schlußpunkt indessen war kein rosaroter Tupfer mehr: Ausgerechnet im Olympiajahr 1984 brach die Zuschauerspitze zu einem guten Drittel ab – trotz vorausgegangenem Weltrekord. Schäfer schätzte, seine Beamten in Koblenz hätten den Leichtathleten die neuen Freiheiten in den Geld-Angelegenheiten übelgenommen. Die in den Zeitungen diskutierten Summen bis zu 75000 Mark für ein Rennen wollten sie nicht mehr nachvollziehen.

»Gescheitert!« stand danach auf den Sportseiten der Tageszeitungen, obwohl allein vier Leistungen noch über denen der Olympiasieger von Los Angeles gelegen hatten. Gegenwind! Er mußte einmal kommen. Wer mit ihm umzugehen weiß, manövriert sich bis zur nächsten Kurve vor und weiß es: Auf der anderen Seite, der Sonnenseite, liegt auch die Gerade mit dem Rückenwind. Fredy Schäfer und seine Mannschaft sind ja keine Anfänger.

Die Götter küssen die Athleten

Weltrekorde sind wie reife Früchte. Sie haben sich in Gärungsprozessen allmählich entwickelt; zuweilen auch auf Grund von chemisch-seelischen Formeln, die der Mensch nicht kennt. Er spricht in solchen Fällen dann gerne von mystischen Vorgängen. Von geheimnisvoll Dunklem.
So stuft Steve Ovett zum Beispiel seinen 1500-Meter-Weltrekord von 3:31,36 Minuten ein, den er am 27. August 1980 in Koblenz aufstellte. In seiner vier Jahre später erschienenen Autobiographie bekennt er, er wisse immer noch nicht, weshalb er diese Zeit und nicht die 3:37,36 erzielt habe, die er zuerst von der Digitaluhr schräg hinter dem Zielstrich ablas. Eine Zeit, mit der er doch schon Geist und Muskel in vollständiger Harmonie miteinander verbunden geglaubt hatte.
Der Mittwochabend des 27. August 1980 im Stadion Oberwerth. Kein Lüftchen weht. Nach der schweren Schwüle des Tages hat sich frischer Sauerstoff, der vom nahen Rhein auch in die vollbepackte Arena herüberzieht, über die Flußebene gelegt. Mit dem Beginn der Dämmerung kommt endlich wieder genügend Luft zum Atmen. »Die Götter beugen sich herab und küssen die Athleten«, wird der Brite später wirklich schreiben.
Jeder Läufer erfährt mit seiner Haut die Luft. Das hat sie gelernt in den zehn oder fünfzehn Jahren, multipliziert mit den vier Jahreszeiten, die sie schon trainiert wird. Die Haut weiß, wann die Zeit reif, die Gunst der Stunde da ist.
Zwei Gerüchte machen die Runde: Der Olympiasieger im 800-Meter-Lauf ist tatsächlich da, und – Steve Ovett will Weltrekord laufen! Dies ist schon das zweite Gerücht, das unter den 14000 Zuschauern umläuft.
»Weltrekord?« fragt der Bundestrainer Paul Schmidt. »So einfach, wie sich der Freddy das mit den Weltrekorden vorstellt, ist es heutzutage auch nicht mehr. Habe ich recht?« Ein Tempomacher soll die 1200 Meter in 2:48 Minuten angehen. »Kann mir vielleicht jemand einen nennen, der das kann? Ich kenne jedenfalls keinen.«
Auf dem Kunststoff reihen sich hinter der Startlinie 16 Läufer auf. Es sind viele, aber nach dem Startschuß stieben sie ohne Gerangel zur Innenbahn. Den Assen öffnet sich freigiebig eine Gasse. Ovett hält sich sofort an Garry Cook, einen 800-Meter-Läufer. Ein vertrauter Landsmann.
In strenger Formation rauschen sie nach vierhundert Meter vorbei. 55,51 Sekunden. Cook, Ovett, Thomas Wessinghage, Willi Wülbeck, Omar Khalifa aus dem Sudan, Harald Hudak. Hinter ihnen öffnet sich ein Loch. Nach zwei Runden 1:53,00. »Schon vorbei!« ruft Schmidt und meint den Rekordversuch. Er sieht dem kleinen Pulk hinterher. Sie sind langsamer geworden.
Bei 970 Meter trudelt Cook auf dem Rasen aus, und Ovett ist vorn. Von 48 Rennen über 1500 Meter und die Meile, das sind 1609,34 Meter, hat er seit dem 21. März 1977 ausgerechnet mit Ausnahme des olympischen Endlaufs alle gewonnen.
Plötzlich zieht Wessinghage ruckartig an: der höchste Gang, die Grenze der Belastbarkeit. Jetzt ist er der Hase. Ein letztes Mal ziehen sie vorüber. Zwischenzeit, beiläufig: 2:50,69 Minuten. Statt 2:48. Wir sehen die Gesichter sehr nahe. Sie blicken klar, jeder hat noch was auf Lager. Wir warten auf den Spurt.
1300 Meter, und Ovett blickt über Wessinghages Schulter. 1400 Meter: der Vorstoß. Der Brite gewinnt zwei Meter. Als Hudak zwischen zwei Schritten beschleunigt wie ein Turbo, schreit es in die tosende Brandung hinein: »Der Hudak gewinnt!« Der Antritt ist ein Hochgenuß.
Das bleibt auch so, als sich die Ordnung nach Stand und Verdienst doch durchsetzt. Ovett vor den Deutschen. Ihr Defilee wirkt vor der Sommernacht wie herausgemeißelt. Parademäßig. Wir sehen aus der Entfernung nicht mehr die Anstrengung.
Der Ansager Peter Brühl schreit sich die Kehle heiser. Ovett geht. Wessinghage winkt. Er trabt zu dem Sieger, gibt ihm einen Klaps, und nun zuckeln sie nebeneinander her und machen einen erleichterten Eindruck; gezügelte Temperamente.
»Rekord!« »Rekord!« Was für ein Rekord? Ein deutscher, bestimmt. Wessinghage muß seine 3:33,16 Minuten aus dem Osloer Rennen vom 15. Juli verbessert haben. Damals, als Ovett mit 3:32,09 die 3:32,03 seines Gegenspielers Sebastian Coe aus dem Vorjahr einstellte. (Gleichstand? Ja, und zwar bei 3:32,1 Minuten. 1980 bestimmten die Regeln noch die Zehntelsekunde als die kleinste Zeiteinheit für Rekordverbesserungen.)
Aber dann überschlägt sich alles: 3:31,36 Minuten! Weltrekord? Weltrekord! Einfach ein Weltrekord.
Die anderen Zeiten kann sich jeder an den

26. August 1981: Steve Ovett hat es wieder einmal geschafft – neuer Weltrekord in 3:48,40 Minuten über eine Meile.

Bild Seite 78: Thomas Wessinghage und Steve Ovett – Konkurrenten auf der Bahn, aber auch echte Freunde

ERDGAS

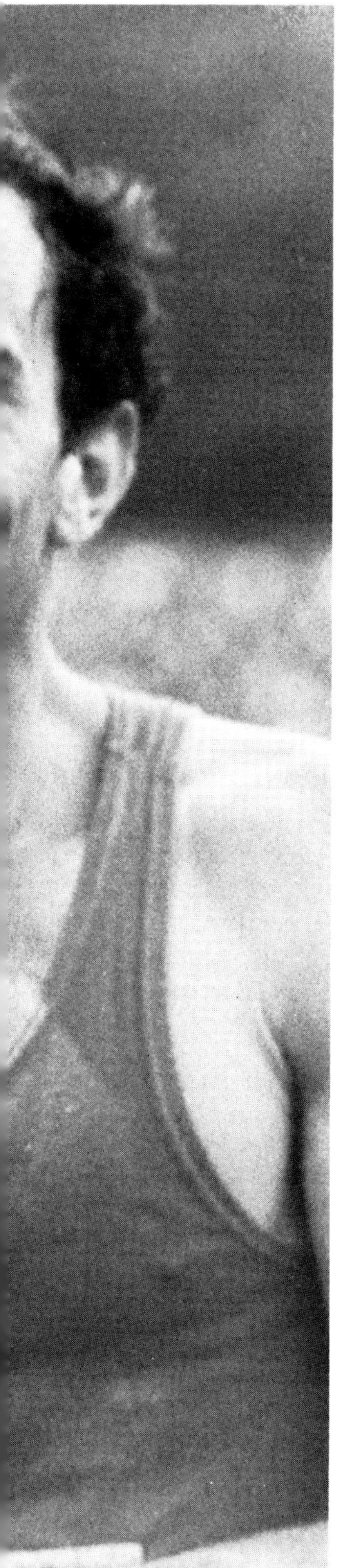

kurzen Abständen fast alleine ausrechnen. 3:31,58 für Wessinghage. Hudak kommt alleine die Gerade hochgetrudelt, dorthin, wo die Trainingssachen liegen. Er hat noch nichts gehört. Der hechelnde Atem hüllte ihn eine Zeitlang ein. Als er seine 3:31,96 Minuten erfährt, 4,11 Sekunden unter seiner bisherigen Bestleistung, aber auch noch unter dem alten Weltrekord, hält er mitten im Schritt inne und erstarrt wirklich mit offenem Mund. Die Fragen der Reporter: »Was sagen Sie nun?« – »Was soll ich denn da sagen? Ich war locker wie eine Sau!«

Fredy Schäfer möchte es unbedingt festgehalten wissen, daß der Weltrekord fest auf zwei Freundschaften beruht. Er meint dabei nicht einmal die mit Ovett, die auf den September 1977 zurückgeht, als der Koblenzer dem jungen Aufsteiger von der Insel Starts in Wattenscheid und Hannover vermittelte.

Sie konnten's gleich miteinander. Männerfreundschaft. Wie überhaupt erstaunlich oft zu beobachten ist, daß vor Weltrekordversuchen eine gewisse Innentemperatur zwischen den handelnden Personen vorherrscht; als entschlössen sie sich zur letzten Eroberung und suchten in ihrer Aufbruchstimmung Nähe und Halt.

In Anbetracht der sich herumsprechenden Tatsache, daß »Hasen« Rekordvorhaben noch häufiger sprengen als sie zu einem gelungenen Abschluß zu bringen, ist auch die Bedeutung der Bekanntschaft zwischen dem Veranstalter und Garry Cook nicht zu unterschätzen.

Schäfer hatte ihm ein Jahr davor Rennen bei sich und in Frankfurt bieten können, ihm, einem Namenlosen, und nun traf es sich, daß Cook wieder in Koblenz weilte. Er wollte wieder 800 Meter laufen, doch nicht mehr mit jener sonstigen Unbedingtheit, die hinter dem Wissen um eine überragende Fitneß steht. Die Saison war beinahe vorbei, nur noch dieses eine Rennen hier. Er verzichtete.

Außerdem mochten sich Cook und Ovett. Das war also eine weitere persönliche Beziehungsgeschichte. Ovett wiederum stand auf einem kaum weniger vertrauten Fuß mit Wessinghage. Der war in letzter Zeit ständig auf Achse und sowieso nach dem für ihn ausgefallenen olympischen Erlebnis mit zunehmender Erschöpfung in ein Wurstigkeitsgefühl hineingerutscht.

Wessinghage kennt Schäfer, den »Fredy«, Ellen Wessinghage ist Vereinsmitglied bei Rot-Weiß. Warum ihm nicht den Gefallen tun, wo eh nicht mehr viel läuft, und so ist es zu der Sachlage gekommen, daß sich am 27. August 1980 der Zweitbeste dem Besten vor den Karren spannt und ihn über die letzte Durststrecke zieht.

Ovett hat in seinem Buch diese Einschätzung insofern abgeschwächt, als er den langgezogenen Endspurt des Deutschen auch auf dessen Respekt, wenn nicht Furcht, vor den Zielgeraden-Zaubereien des 800-Meter-Läufers Willi Wülbeck ausdeutete. Und ein weiteres: Wessinghage müsse eine Siegeschance sogar gegen ihn, den Rekordgänger, gesehen haben.

Der Brite war ursprünglich nicht auf Biegen und Brechen auf den Rekord aus. In erster Linie war er müde. Zwei Tage vorher hatte er in London die Goldene Meile gewonnen. In einem Spurtrennen. Die Zeit war mittelprächtig, 3:52,84 Minuten. Schon sie erschöpfte ihn. Am nächsten Morgen wäre er am liebsten im Bett liegengeblieben. Er fühlte sich gerädert. Die sechs Runden bei der Olympiade in Moskau an neun Tagen steckten in den Knochen, dazu hatte er im Juni neben den 3:32,1 Minuten noch in Oslo 3:48,8 Minuten über die Meile erreicht, Weltrekord, noch einer.

Er zwang sich zu einem Trainingslauf, weil ihn sein Trainer Matt herausklingelte. Über das Rennen von Koblenz würde er gleichfalls noch hinwegkommen, und danach war ohnehin Schluß.

Er konnte im übrigen die Luftveränderung gebrauchen, was vor allem mit seiner, den Eltern erst vor wenigen Tagen eröffneten, Beziehung mit Miß Rachel Waller zusammenhing. Die junge Frau war zu Hause in Brighton auf eisige Ablehnung gestoßen, die auch später bei der Hochzeit nicht beigelegt war, zu welcher, zu niemandes Verwunderung, auch Fredy Schäfer geladen wurde.

Ovett gab sich in jenen Augusttagen fest entschlossen, ein unabhängiges Leben beginnen zu wollen. Schon die olympische Goldmedaille hatte er seiner Freundin gewidmet. Nach dem Sieg im Moskauer Leninstadion zeichnete er für sie, auf der Bahn vor den Fernsehkameras stehend, die Großbuchstaben »ILY« in den Himmel. I love you.

Die Reise nach Koblenz, wie eine Befreiung von der drückenden häuslichen Situation empfunden, war die erste ins Ausland, auf der Rachel Waller ihren Freund begleitete, und als er schließlich zu ihr auf die Tribüne hinaufging, empfing sie ihn mit Tränen in den Augen. Nie zuvor war sie Augenzeuge eines Weltrekordes gewesen.

ERD
124

Einmal nur die Kronjuwelen...

Der erste, der in Koblenz kräftig mithalf, dem Sportfest den rechten Glanz zu verleihen, war Bert Sumser, Cheftrainer bei Bayer Leverkusen. Er füllte schon 1967 einen Omnibus mit Athleten unterschiedlicher Qualität – 1967 schafften sie am Oberwerth immerhin einen deutschen Rekord über 4mal 200 Meter –, und alles, worum er höflich bat, waren zwanzig Mark als Anerkennung für jeden.

Einmal passierte es, daß ein 800-Meter-Läufer entgegen seiner Befähigung in den B-Endlauf zurückversetzt wurde. Weiß der Kuckuck, welchen Zwängen sich der Veranstalter wieder einmal ausgesetzt sah, jedenfalls legte der junge Mann in seinem Kopf den Hebel um und ließ ihn bei slow go einrasten. Er stolzierte also aufreizend und wurde Letzter.

Wenige Tage später traf bei Schäfer eine Postanweisung ein, ausgestellt auf die Summe von zwanzig Mark. So ein Trainer war Bert Sumser.

Mike Boit ist von Hause aus der ideale Reisende. Man merkt ihm an, daß er ein Nandi ist, ehemals ein Stamm der Halbnomaden. Wenn er schläft, ist es mucksmäuschenstill. Der Atem ist heruntergedreht auf das Notwendigste. Es herrscht keine Gefahr mehr, kein Löwe brüllt heut nacht, aber diese Gabe verliert sich nicht gleich in dem Maße, wie die Zivilisation in die Nandi-Berge eingezogen ist. Was für die kleine hier zu schildernde Begebenheit aber das wichtigste ist: Mike schläft, wenn er will und wann er will.

Für die Veranstaltung im Jahre 1973 war er, Olympiadritter über 800 Meter und nun ein rasanter Aufsteiger, für das Herzstück der Veranstaltung vorgesehen, den Lauf über 1000 Meter. Der einzige Haken dabei war nur, daß sich am deutschen Himmel gerade so gut wie nichts bewegte: es herrschte Fluglotsenstreik.

Boit, von Stockholm kommend, mußte schon in Hamburg-Fuhlsbüttel runter, und den Rest der Reise verbrachte er im Zug, und die Stunden verrannen. Entnervend – für die Koblenzer, die ihn geschwind mit Polizeieskorte abholten, das Blaulicht eingeschaltet. Dadurch konnte sich der Kenianer zumindest ein paar Minuten vor dem Rennen noch aufwärmen, das ohnehin schon um eine Stunde an den Schluß verlegt worden war.

Er lief ein großartiges Rennen. Afrikaner sind nicht pingelig, eher gewohnt als andere, auf dem Sprung zu sein.

2:17,2 Minuten betrug die Siegerzeit, weit voraus. Er war ausgeruht, er hatte fein geschlafen und gar nicht auf heißen Kohlen. Nachher erhielt er zum ersten Male Geld. Unter dem Tisch, wie üblich, aber es war trotzdem gutes Geld, und wie jeder andere nahm er es gern.

Edwin Moses oder Carl Lewis? Die Koblenzer, zwei ausverkaufte Vorstellungen in 1981 und 1982 schon im breiten Kreuz und eine dritte unmittelbar vor sich, griffen hoch. Sie wollten 1983 die Stars unter den Sternen.

Lewis drehte einige Tage vorher in Richtung Dallas ab. Das Heimweh. Trotzdem, die Frage Moses oder Lewis hatte sich ja vorher gestellt und sie blieb aktuell. Walter Thul, Verlagsleiter eines Anzeigenblattes, machte im Hause die Probe bei etwa hundert Mitarbeitern, quer durch die Palette. Wen also wollten sie lieber sehen? Neunzig Prozent antworteten: Moses!

Der Hürdenläufer war, nach dem Geschmack des Trios Schäfer, Pretzer und Thul, sündhaft teuer. Sie verhandelten beim Bankett nach dem ASV-Meeting zwei Stunden lang, bis weit nach Mitternacht. Als sie an ihre finanziellen Grenzen gestoßen waren, erinnerte Thul wieder an seine kleine Umfrage. Das gab den Ausschlag, und danach war ihnen, als hätten sie sich für einmal die Kronjuwelen geleistet.

In Schäfers Brust rumorte dennoch das angeschlagene Selbstwertgefühl. Er rückte es dann zurecht, indem er Moses wohl wie verabredet auf Bahn fünf setzte. Dort würde er seinen Landsmann Andre Philipps, der sich in Köln auf die Zeit von 47,78 Sekunden gesteigert hatte, nicht mehr vor, sondern plötzlich hinter sich wissen. Denn ihn disponierte Schäfer kurzerhand um, von Bahn sechs auf vier. Ein unangenehmes Gefühl. Moses überspielte es souverän, als er auf die rote Bahn trat.

Schäfer hatte mit kühler Taktik kalkuliert: Erst die Angst im Nacken triebe den Weltmeister nach vorne! Der Veranstalter gab danach zu, daß er natürlich auch aus Eigennutz handelte, er benötigte den Weltrekord so dringend wie der Athlet ... als beste Vorauswerbung fürs nächste Jahr.

»Heute«, darauf pocht Schäfer noch, »ist Ed mir dankbar, daß ich ihn mit etwas Taktik und Nachdruck zu seinem Glück gezwungen habe.« Moses lief den Weltrekord. 47,02 Sekunden.

Valerie Brisco-Hook

Die Freude über tolle Leistungen läßt den Streß in den Wochen vor dem großen Ereignis schnell vergessen. Veranstalter Fredy Schäfer feiert mit Steve Ovett den 1500-m-Weltrekord

Der Mann ließ sich nicht lumpen

Ein Zeichen, das für Qualität bürgt: Quelle Fürth. Seit Verein und Unternehmen miteinander verflochten sind, heißt der Klub »LAC Quelle im TV Fürth 1860«

Grete Schickedanz verleiht Alberto Juantorena den Gustav-Schickedanz-Preis. Gustav Schickedanz, der verstorbene Chef von Quelle, bei einer Auszeichnung des 3000-m-Hindernis-Siegers von 1976 Bronislaw Malinowski, der später bei einem Autounfall ums Leben kam

Die erste Voraussetzung, ein anerkanntes, schon in eine kleine Tradition mündendes internationales Leichtathletik-Meeting ins Werk zu setzen, ist die Existenz eines Vereins. Klar, aber nicht irgendeines, sondern eines sportunterlegten Gemeinwesens mit Infrastruktur. Es muß sich was tun! Jedenfalls ist dies das klassische Verständnis. Außerdem hat sich ein properes Stadion vor den Blicken der eingeladenen Sportler auszubreiten, und darüber hinaus wäre ein finanzielles Polster von Nutzen.
Diesen Werdegang zu vollziehen, nahm sich der LAC Quelle Fürth gerade sieben Jahre Zeit. Erst im Frühling 1969 begann die Zeituhr von der Stunde Null an zu ticken, aber schon am 13. Juni 1976 konnte dank Inge Heltens Weltrekord im Hundertmeterlauf – 11,04 Sekunden! – der ganzen Sportwelt mitgeteilt werden, daß in Fürth-Dambach High noon war.
Die Werdegänge »aus den kleinsten Anfängen« heraus stehen für gewöhnlich unter dem Patronat der berühmten Tellerwäscherkarriere. Auf einen solchen Gang der Dinge ausgerechnet hier zu stoßen, wo ein Verein und eine Firma ein eheähnliches Verhältnis vorleben, überrascht nicht wenig. Darauf ist man nicht gleich vorbereitet. Aber wir begutachten damit schon den Ist-Zustand.
Wenn der Satz »Ehre wem Ehre gebührt« seine Richtigkeit hat, sollte er jetzt auf den im Jahr 1977 verstorbenen Gustav Schickedanz angewandt werden dürfen. Einesteils war »der Alte« ein Geschäftsmann, der das Versandhaus »Quelle« im Verlauf von Jahrzehnten aus seiner ursprünglich romantischen Kleinheit heraus zum größten Versandhaus Europas ausbaute, mit heute 42000 Mitarbeitern, andererseits hatte der kleine, drahtige Mann einen Narren am Sport gefressen, den er in seiner Jugend auf eine nicht ungefährliche Weise ausübte, alldieweil er, sobald er die Fußballstiefel angezogen und das verwaschene Trikot vom TV Fürth 1860 übergestreift hatte... Aber darüber sollte vielleicht besser seine Ehefrau Grete erzählen.
»Wissen Sie was«, hebt sie an, amüsiert über das, was nun kommt, »er war immer so wild, mein Mann. An einem Tag sind seine Mitspieler sogar mal zu ihm gegangen und haben gesagt: ›Chef, es wäre besser, wenn Sie heute nicht mitspielen.‹« Wenn sie über die Dörfer zogen, fegte er nämlich unerbittlich den Strafraum frei, und Elfmeter waren das mindeste, was er seinen Mitstreitern vom Turnverein antat.
Der Tag kam, an dem er die Treter einmotten mußte. Es blieben noch für lange Zeit die Faustballspiele mit den Mitarbeitern in der Mittagspause, unten im Hof.
Die Leichtathleten des Turnvereins stießen freilich erst in jenem Jahr 1969 auf seinen Namen, als sie einen Waldlauf organisieren und dazu ein paar Läufer einladen wollten. Dies und die allgemeine Organisation kosteten Geld, so zwischen 6000 bis 8000 Mark. Der damalige Abteilungsleiter Heinz Conrad erinnerte seine scharf kalkulierenden Kollegen jetzt an das Vereinsmitglied Schickedanz, von dem sie wußten, daß er bei keinem feierlichen Anlaß fehlte, wie die alten Turner halt sind. Und sein Sportabzeichen trug er dann immer gut sichtbar am Revers des dunklen Anzugs.
Er war kein Leichtathlet gewesen, das stimmte. Die Hoffnungen auf ein Mäzenatentum hielten sich deshalb auch in Grenzen. Aber fragen ist noch das Preiswerteste, und der Mann ließ sich nicht lumpen. Die Zusage kam so schnell, die Chose lief dermaßen glatt ab, daß sie im nächsten Jahr schon mit der Vorstellung liebäugelten, die einmalige Spende in eine Dauerspende umzuwandeln, und als das Placet auch hierfür eintraf, reifte der Entschluß – die Athleten sagen, es sei nicht mit dem Mäzen abgesprochen gewesen – die Firmenbezeichnung in den Vereinsnamen zu heben, zumindest bei den Leichtathleten. Seitdem gibt es den »LAC Quelle im TV Fürth 1860«.
Der nächste Schritt zum internationalen Meeting hing eng mit Gustav Schickedanz' Besuch der Olympischen Spiele in München zusammen. Die rote Kunststoffbahn gefiel ihm. Außerdem rief er mit seinen jüngeren Vereinskameraden ein dreifaches Hoch auf Bernd Kannenberg aus, der vor einem Jahr als Unbekannter zu ihnen gestoßen war. Er hatte auf einmal die Goldmedaille im 50-Kilometer-Gehen gewonnen. Die Fürther Leichtathleten schwärmten nun von Kannenberg und von der Kunststoffbahn. So eine könnten sie draußen in Dambach gebrauchen! »Reden Sie mal mit den Leuten«, antwortete Schickedanz. Inge Helten weihte sie vier Jahre später ein.
Von der ersten Aufführung an verleiht Grete Schickedanz seither dem Sieger eines kurz vorher ausgesuchten Wettbewerbes den »Gustav-Schickedanz-Preis«, zuerst gedacht als Referenz, doch bald schon in Reminiszenz. Er ist eine von der Bildhauerin Gudrun Kunstmann geschaffene Läufer-Statue, die jedesmal in einer Neuöttin-

ger Bronzegießerei neu gegossen wird. Ein wertvolles, schweres Ding.
Und die Erweiterung der Anlage konnte von dem Moment an in Angriff genommen werden, da das Versandhaus in einem Prozeß gegen einen Konkurrenten obsiegte und die richterliche Auflage erhielt, die gewonnene Million aus dem Streitwert einem gemeinnützigen Zweck zuzuführen.
Das Meeting erwarb sich den Ruf, neben der deutschen Vereinsmeisterschaft der Anschmecker jeglicher bundesdeutscher Leichtathletik-Saison zu sein. Unter den Veranstaltungen in der ersten Saisonhälfte genießt es den höchsten Rang.
Die ins Auge stechenden Auffälligkeiten der Fürther Sportfeste, die mit einer Ausnahme bisher zwischen dem 21. Mai und dem 13. Juni stattfanden, sind die Leistungen in den Sprints, Sprüngen und Würfen. Der Geschäftsführer und Mitorganisator (neben dem bisherigen Vorsitzenden Hubert Demmler), der Reiner Faika, rätselte lange herum, wie diese Vorteile zu begründen seien. Schließlich berichteten es ihm die Alten. Unter der Hundertmeterbahn liege gewachsener Felsen. Und unter den Anlagen für Weit- und Dreisprung auch. »Offenbar gibt er einen hervorragenden Resonanzboden ab. Schon die Aschenbahn galt als schnell.«
Zur Güte des Windes in Dambach am Wald ist festzuhalten, daß die Sprinter wahrhaftig nicht die ersten waren, denen sie auffiel. Schon im vorigen Jahrhundert besang sie ein beschwingter Joseph Viktor von Scheffel gleich an drei Stellen seines »Wanderliedes«.

Wohlan, die Luft geht frisch und rein,
wer lange sitzt, muß rosten.

Ich will zu guter Sommerzeit,
ins Land der Franken fahren.

Ich wollt' mir wüchsen Flügel!
Geflügelte Worte. Und beflügelnde.

Nüchtern betrachtet, streicht der meist kräftige Wind schräg über den Platz. Er pustet die Sprinter nach vorne, aber er fällt ihnen nicht gleich in den Rücken. Denn im Rohr des Windmessers, der parallel zur Laufrichtung steht, verwirbelt er sich dermaßen, daß er in aller Regel auf erlaubte Geschwindigkeiten von unter zwei Metern pro Sekunde heruntergebremst wird.
»Irgendeinen Rekord«, sagt Faika wie der muntere Seifensieder, »hatten wir immer.« Mit einer Weltrekordtrilogie hatten sie tatsächlich sofort einen stürmischen Auftakt.

Frankfurt

Von fränkischer Eigenart

13. Juni 1976: Inge Helten läuft 11,04 Sekunden über 100 Meter und bekennt, die Geschwindigkeit nicht als die höchste ihrer Karriere empfunden zu haben;
11. September 1978: die Amerikanerin Kathy Schmidt wirft den Speer auf 69,32 Meter. Das aber bemerkt kaum einer, vielleicht nicht einmal sie selbst und der Kampfrichter an der Aufschlagstelle, was seitdem entweder als Gerücht oder üble Verleumdung gewertet werden darf;
10. Juni 1978: die Polin Grazyna Rabsztyn legt die 100 Meter Hürden in der Zeit von 12,48 Sekunden zurück und bekennt: »Von meiner Zeit bin ich ehrlich überrascht.«
Diese drei Stützpfeiler fest eingerammt, zogen die bundesdeutschen Sportler anschließend ihre Querverstrebungen in das Meeting-Gerüst ein, auf daß es so bald nicht mehr einstürze. Sie stellten fünf nationale Rekorde ein und auf.
10. Juni 1979: Silvia Kempin erzielt über die Hürden 13,06 Sekunden;
30. Mai 1981: Klaus Kübler bringt den Dreisprung mit 16,90 und 16,91 Meter voran und führt damit das Wappentier der Zunft, das Känguruh, wieder in Deutschland ein, und Christian Haas, der für die lokale Größe sorgt, egalisiert Gerhard Wucherers 100-Meter-Bestleistung von 10,23 Sekunden aus der Saison 1971;
30. Mai 1982: Ingra Manecke, seine Vereinskameradin vom LAC Quelle, erwischt mit dem Diskus den richtigen Windkanal, welcher die kiloschwere Scheibe bis auf 67,06 Meter durchschleußt, und somit ist die zehn Jahre alte Marke Liesel Westermanns um 2,10 Meter übertroffen;
9. Juni 1984: Ulrike Denk legt als erste Bundesdeutsche – für Augenblicke ist der Rückstand zur Weltelite vergessen – die 100-Meter-Hürden-Strecke in weniger als 13 Sekunden zurück, in 12,98.
Am 21. Mai 1983 verwehte der Wind, es war das einzige Mal, einen Rekord. Der Dreispringer Peter Bouschen hatte nach 17,19 Metern bis zu den deutschen Meisterschaften in Bremen auf das erste reguläre 17-Meter-Resultat zu warten.
Bevor die Fürther lächelnd auf die beeindruckende Latte der Rekorde verweisen konnten, hatten sie allerdings erst einmal, auch in ihren eigenen Köpfen einige Fragezeichen so weit zurechtzubiegen, daß sie auch tatsächlich wie echte Ausrufezeichen aussahen.
Die gewisse fränkische Eigenart, selbst schwere Karren beharrlich über einen Berg zu ziehen, brachte die Quelle-Leute schließlich auch über die gefährlichen Engpässe nach den Veranstaltungen von 1977 und 1978 hinweg. Bei der einen plünderten die nach dem Weltpokal-Wettbewerb in Düsseldorf noch in Europa tingelnden Amerikaner die Kasse, die bei der anderen wegen der nur zweitausend erschienenen Zuschauer von vornherein fast leer blieb. Der Mäzen mußte tun, was er konnte.
Danach pendelten sich die Besucherzahlen auf 6000 bis 9000 ein. Hinter solcher Stetigkeit verblaßte nach und nach endlich auch die Furcht, der Termin des Sportfestes sei möglicherweise zu früh ins Wettkampfjahr der Spitzensportler gestellt. Die Zuschauer kommen. Und dafür, daß die Sportler gern anreisen, ehrgeizig und neugierig auf sich selbst, dafür lassen sich mittlerweile verblüffend gute und zwingende Gründe anführen.
Also, seit einer Reihe von Jahren folgen sie nämlich der Lehre von den zwei oder drei Saisonhöhepunkten, die im Winter in die Hallensaison und im Sommer in die Zeit von Ende Mai bis Mitte Juni und, nach sechswöchiger Trainings- und Erholungszeit, in den Monat August plaziert werden. Zuerst wissenschaftlich ausgeheckt hat's die DDR.
Der dritte und letzte Leistungsgipfel ist der wichtigste. Auf ihn fallen die internationalen Titelkämpfe mit den eitlen Medaillenspiegeln. Der dritte soll deshalb der höchste Gipfel sein. Daß es oft anders kommt, liegt an den unterschiedlichen inneren Einstellungen der Hauptdarsteller. Beim Kampf um Alles oder Nichts rutscht manchem das Herz in die Hosentasche, beim freien Spiel der Kräfte dagegen trumpft er, die Bremsen spielerisch mit einem Handgriff gelöst, stark auf.
Nun, das Meeting in Fürth-Dambach liegt bei diesem freien Spiel exakt in der Mitte des Magnetfeldes.
Zuletzt bleibt den Leichtathleten nur noch übrig bis drei zu zählen, und schon rappelt es im Karton. Denn: Zwei Aufgalopps verordnet man sich zum Eingewöhnen, und beim dritten Wettkampf ist die Hochform da; vielleicht noch ein wenig grobkörnig, aber das macht überhaupt nichts, dafür ist Frühling.
Das Waldstadion an der Coubertinstraße bildet auch den besten Resonanzboden, auf dem sich junge Aufsteiger zum ersten Mal laut Gehör verschaffen können. Der ein Jahr vorher noch beim Weltpokal siegende Michael Karst verlor 1978 gegen den jungen Patriz Ilg, der schon zwei Monate

Ein Bild mit Erinnerungscharakter: 1974 fand das Pfingstsportfest zum letzten Mal auf einer Aschenbahn statt

Peter Bouschen – der erste deutsche Athlet, der im Dreisprung eine Weite von über 17 Meter erzielte. Bei diesem Versuch in Fürth herrschte allerdings zuviel Rückenwind

später Zweiter der Europameisterschaft wurde, 1982 dann Europameister und 1983 Weltmeister; nun bereits als Mitglied des LAC Quelle.
Als Christian Haas 1980 in dem gelbblauen Trikot der Gastgeber seine Steigerung von 10,45 gleich auf 10,27 Sekunden über 100 Meter vollzog, rief er einen Namen ins Gedächtnis zurück, der in der fränkischen und deutschen Leichtathletik der fünfziger Jahre einen besonderen Klang besaß. Seine Mutter Maria hatte bei den Europameisterschaften 1954 die bronzene Plakette im Fünfkampf, sein Vater Karl-Friedrich bei den Olympischen Spielen 1952 und 1956 eine Silber- und eine Bronzemedaille im 400-Meter-Lauf und mit der Staffel gewonnen.

Der Hase und die Jäger

Peter Bouschens verwehte 17,19 Meter am Pfingstsamstag 1983 verfestigten sich bis zum August noch zum Europapokalsieg in London, und zuletzt lenkten Ulrike Denk – Rekord über die Hürden! – und der 800-Meter-Läufer Axel Harries die Aufmerksamkeit auf sich, zwei Zwanzigjährige. Der Mittelstreckler spielte den Hasen für die Asse und ließ sich nur noch von dem kubanischen Doppelolympiasieger Alberto Juantorena abfangen, ein Kabinettstückchen, das dazu beitrug, ihn als letzten Bundesdeutschen ins Olympiaaufgebot zu heben.
Allein für die meisten Amerikaner liegt das Meeting zu früh. Soweit es sich um Studentensportler handelt, besuchen diese nämlich bis Mitte Juni die Universitäten oder Colleges. Keine Frage, sie und die in den USA studierenden afrikanischen Läufer fehlen. Das ist der einzige Nachteil des frühen Termins inmitten der Vorteile, zu denen sich noch derjenige von der geographischen Nähe zum Ostblock gesellt.
Für die Mittelfranken ist zum Beispiel das goldene Prag seit jeher eine nahe, anziehende Großstadt gewesen, ja, sogar neben München die am nächsten gelegene. Die strikten Grenzziehungen der Nachkriegszeit haben den Beziehungen der Leichtathleten untereinander nichts anhaben können. Neben den Tschechoslowaken sind die Ungarn und die Polen umworbene Gäste. »Wir haben unser Fenster nach Osten immer weit geöffnet«, sagt Hubert Demmler.
So sieht man sie denn zu Pfingsten und an anderen Tagen mit den vier Winden »ins Land der Franken fahren«.

Hier sieht der Fürther Sprinter Christian Haas schwarz. Beim Pfingst-Meeting 1984 liefen ihm die Kubaner Leandro Penalver und Osvaldo Lara den Rang ab. Wettkämpfen kann nicht immer die reine Freude sein, schon wegen des unberechenbaren Wetters nicht. Es herrschten 12 Grad Celsius...

5

Spannung liegt in der Luft …
und Anspannung
auf den Gesichtern
der 1500-Meter-Läufer:
ein schiedlich-friedliches
Vielvölkergemisch auf dem
geordneten Pirschgang

adidas
154

Weltrekord und Marterpfahl

13. Juni 1976: Inge Helten (links Annegret Richter, rechts Irena Szewinska) bei der Siegerehrung des 100-m-Laufs. Ihr Blick ist eher skeptisch – und das, obwohl sie gerade mit 11,04 Sekunden einen neuen Weltrekord (Bild unten) aufgestellt hat. Aber er kam zu früh – Trainer Wolfgang Thiele war sauer

Auf der kleinen Holztribüne am Ziel und in der langen Bankreihe drüben, entlang der Gegengeraden, waren alle Plätze besetzt, und um das Oval der neuen Kunststoffbahn standen die Menschen wie eine buntbewegte Mauer. 13000 draußen in Dambach in der Idylle am Wald. Das Premierenprogramm am 13. Juni 1976 verhieß gleichzeitig die fünfte und letzte bundesdeutsche Olympia-Qualifikation.
Immer noch wollten sich einige bisher gescheiterte Athleten dem schon fernen Ziel Montreal den alles entscheidenden Schritt nähern. Die Menge witterte die darin enthaltene Spannung, und sie fragte sich: Wie wird der Held aussehen, wenn sie auf der Heimfahrt in der langen Autokolonne diskutierten? Wird er strahlend oder tragisch sein?
Die schon sorgenfreien Sportler konnten gelassen ihre gegenwärtige Form überprüfen. Zu ihnen gehörten die Sprinterinnen, die Augäpfel der ganzen Republik, die Wolfgang Thiele sorgsam hütete. Bereits 1972 hatte er in München sein Quartett sensationell zur Goldmedaille geführt, als Heide Rosendahl die Doppelolympiasiegerin Renate Stecher aus Jena im Duell der Schlußläuferinnen niederrang. Der Bundestrainer schwang die Peitsche. Das Zukkerbrot wollte er erst in Montreal auf den Speisezettel setzen.
Die Sonne brannte vom Himmel herunter, und der Wind stand günstig.
Die Olympiasiegerin, Weltrekordlerin und Europameisterin Irena Szewinska hatte bisher den Dortmunderinnen Annegret Richter und Inge Helten jahrelang die Siege vorenthalten – neben den flotten Damen aus der DDR –, und, um ehrlich zu sein: sie hatten die beiden gar nicht erst zu sich auflaufen lassen. Aber als sie nun nach Fürth fuhren, hatten sich die Voraussetzungen zum ersten Mal geändert.
Beim Länderkampf gegen die UdSSR und Bulgarien am 29. Mai in München und am 6. Juni daheim auf der »Kampfbahn Rote Erde« waren Inge Helten und Annegret Richter mit neuen bundesdeutschen Rekorden auf 11,22 und 11,21 Sekunden über 100 Meter vorgerückt, und dies, obwohl ihnen jedesmal der Wind ins Gesicht blies. Thiele hatte nach einer knochenharten Winterarbeit sein westfälisches Duo in der Vorsaison noch getrennt rennen lassen, damit die Nerven so lange wie möglich intakt blieben. Der erste Saisonhöhepunkt – von zweien – war wunschgemäß erreicht worden. Der Trainer wußte, daß er mit seinen Sprinterinnen wieder gelassen in die nächste Trainingsphase eintauchen konnte. Sie würde die Athletinnen wohlbehalten zum olympischen Gipfel führen.
Die kurzfristig eingeschobene Einladung des LAC Quelle Fürth kam seinen Absichten ungelegen. Aber die Zusagen der Läuferinnen rührten noch vom vergangenen Jahr her, und nun gut, einverstanden, allerdings unter der einen Bedingung: Die Mädchen sollten ihr erstes Aufeinandertreffen untereinander und diese Nagelprobe mit der Polin aus dem Training heraus in Angriff nehmen.
Zwei Vorläufe wurden dem Finale vorgeschaltet – Probefahrten. Die 25 Jahre alte Inge Helten startete im ersten, und sie erwischte einen exzellenten Start, löste sich leicht von den Gegnerinnen, zog durch, wie es Thiele immer verlangte, und lehnte sich mit vorgebeugtem Oberkörper ins Ziel hinein, damit auch bis zuletzt nicht eine Hundertstelsekunde unnötig auf der Strecke blieb. Der Vorsprung vor Annegret Kroninger betrug knapp drei Meter.
Mit der Ankunft am Ziel ist der rasche Blick zur seitlich auf dem Rasen stehenden Digitaluhr gekoppelt. Tausende von Stielaugen schwenkten die Blicke jetzt dorthin, und schon lasen sie die unfaßbare Zahl: 11,04. Weltrekord! Der erste Frauen-Weltrekord, der über den Weg der Zielgeraden in Dambach den Ostblock wieder verließ. Solch eine Rarität war das! Renate Stecher hatte in München 1972 11,07 Sekunden vorgelegt.
Die Leute lachten und jubelten. Die Läuferin war perplex, und dem Trainer schlug der Schock auf den Magen.
Die Fahnen! Sie wehten heftig im Wind, der sie schräg zur Laufrichtung stellte. Die Ungewißheit über seine Stärke sorgte sofort für neuen Gesprächsstoff.
»Weltrekord!« Das war die Antwort aus dem Lautsprecher. Die Windstärke hatte sich mit 0,55 Meter pro Sekunde in Grenzen gehalten.
Den zweiten Vorlauf gewann Annegret Richter in der Zeit von 11,23 mit einem Vorsprung von zwanzig Zentimetern vor Irena Szewinska. Gemeinsam verließen die Läuferinnen den Schutz des Innenraums und strebten zum weitläufigen Rasenplatz hinter dem Stehwall an der Startkurve zurück. Dort stießen die Mädchen unweigerlich wieder auf Thiele, und sie wußten, was die Stunde geschlagen hatte. In eine atemberaubende Wortkargheit hinein rammte er seine bitteren Sätze. Es war, als

ORTMUNI

208

29
adidas
17
adidas

würde Inge Helten von jedem der wenigen Worte ein bißchen fester an einen Marterpfahl festgezurrt werden. Dem Trainer war das Paradoxon wohl bewußt. »Da trainiert man jahrelang, und dann kann man sich nicht über einen Weltrekord freuen.« Er sah plötzlich einen Spatz in der Hand. Die Taube mußte schon auf das Dach des Olympiastadions von Montreal geflattert sein. Er sah sie nicht mehr.
»Da hätten wir ja auch in der vorigen Woche schon Weltrekord in der Staffel laufen können.« Die schnellste Frau der Welt hatte aufgehört, ihre Meinung entgegenzuhalten. Sie saß in Rufweite unter einem schattigen Baum. Die Bitterkeiten waren leise ausgesprochen worden. »Ich hatte nicht das Gefühl, daß es Weltrekord war.« Die Journalisten pendelten zwischen ihnen hin und her. »Jetzt hat sich Inge in die Favoritenrolle gebracht. Die Ruhe, die wir in der Vorbereitung auf Montreal brauchen, ist nun nicht mehr gewährleistet.«
Hundert Minuten später zeigte sich Inge Helten wenigstens schon mal der Situation des Tages gewachsen. Sie siegte im Finale in der Zeit von 11,31 Sekunden vor ihrer Vereinskameradin und der berühmten Polin. Unter den Bedingungen des Gegenwindes.
Thiele hatte seinen Sprinterinnen für die Woche vor dem Fürther Sportfest genau formulierte Hausaufgaben gestellt, die ihre schnellen Beine abbremsen sollten. Inge Helten hatte sich jedoch gesundheitlich nicht auf dem Posten gefühlt, und deshalb ließ sie die Zügel schleifen, überhaupt war sie immer sehr anfällig gegen Krankheiten und Verletzungen. Die Muskulatur fand jedenfalls durch die Ruhe zu einer Lockerheit, aus der heraus erst die plötzliche Leistungsexplosion kommen konnte.
Wolfgang Thiele war damals besessen von dem olympischen Gold gewesen, von den Siegen über die übermächtig erscheinende Konkurrenz aus der DDR. Das Unmögliche möglich zu machen: Das war seine selbstgestellte Aufgabe. Sie reizte ihn bis zur Glut.
Wenn er nicht im Auto saß – 60 000 Kilometer raste er 1984 auf den Autobahnen ab – stand er in einer Sporthalle oder an einer Kunststoffbahn, oder er ließ die Mädchen in einem Kraftraum das Eisen auf die Muskeln wirken, und wer ihn dort nicht fand, traf ihn über Trainingsplänen.
Der Bundestrainer gab sich kein Pardon. Und den Athletinnen auch nicht. Inge Helten hielt er für ein Jahrhunderttalent. »Sie kann als erste Frau die hundert Meter in 10,8 laufen«, sagte er immer. Es klang wie ein Vorwurf. Ihre Charaktere waren einfach zu unterschiedlich. Wenn er für Gleichstrom optierte, pochte sie auf Wechselstrom. Sie wußte als Angestellte des Dortmunder Elektrizitätswerks darüber gut Bescheid. Schicksal, nehme deinen Lauf! Wenn das Pathetische doch nicht so oft recht behielte.
In Montreal zeigte Inge Heltens Formkurve, auch ausgelöst durch eine Muskelverhärtung im Oberschenkel, sachte nach unten. Das machte schon den Unterschied zwischen Gold und Bronze aus. Annegret Richter, die Ausgeglichene, die Solide, war über ihr, sie nahm ihr auch noch den Weltrekord ab. Mit 11,01 Sekunden im Vorendlauf. Die Staffel holte Silber. Nur Silber. Vier Hundertstel fehlten.
Inge Helten zog sich im April 1977 vom Leistungssport zurück. Der Bruch mit dem Trainer war nicht zu kitten. Außerdem tat es ihr wieder überall weh.
Manchmal, wenn Thiele in Dortmund zu tun hat, trifft er sich mit seiner früheren Athletin. Dann plaudern sie angeregt, so wird es gesagt. Er hat sich geändert in den Jahren danach. Er hat aber auch nicht die alten Erfolge. Die Rekorde der zwei schnellen Damen vom OSC Dortmund leben seitdem fort, doch sie wirken nicht in die ihnen nachfolgenden Sportlerinnen-Generationen hinein.
Aus ihrer Zeit schimmert nur noch verschwommen ein Trugbild herüber: Die Schimäre läßt nicht mehr viele Details erkennen. Das einzige, was noch ein wenig heraussticht, ist ein süßsaures Lächeln.
Die Organisatoren vom LAC Quelle Fürth haben die Zahl 11,04, die ihnen in Form von aufleuchtenden kleinen Birnen am Nachmittag des 13. Juni 1976 entgegenblinkte, immer am lockersten von allen Beteiligten gesehen. Mit ihr fingen die Annalen des internationalen Meetings in Dambach an. Seite eins: Weltrekord!

Die Fürther sagen: »Unser Fenster nach dem Osten ist immer offen.« Die Tür auch. Also hereinspaziert, Marian Woronin! Der polnische Sprinter lernte die auf Felsuntergrund gut gelagerte Kunststoffbahn schätzen...

Harald Schmid, eine Studie. Der Gelnhausener ist immer unterwegs zu einer ehrlichen Leistung: nach bestem Können

Handfeste Visionen

Claudia Losch – die Olympia-Siegerin von 1984 in Los Angeles im Kugelstoßen – ist ein Aushängeschild des LAC Quelle Fürth

Die Fürther zählen sich zur Kategorie der Veranstalter des gehobenen Niveaus, fähig zu gezielten Spitzenleistungen, wie die diversen Rekorde auf ihrem Grund und Boden beweisen. Das allgemeine Empfinden speist sich aus dem Wissen um die folgenden Tatsachen: ein früher Termin, die begrenzte Aufnahmekapazität des Stadions, die Politik der volkstümlichen Eintrittspreise, die nicht umgestoßen wird.
Das »geraffte Olympia« kann ihr Ziel nicht sein. Aber was genauer? Reiner Faika und der Cheftrainer Ludwig Franz haben – die Liberalisierung und die dadurch steigenden Spesen- und Honorarsätze im Sinn – prinzipielle Gedankenspiele entwickelt.
»Dort, wo wir schwach sind, wollen wir abbauen«, sagt Faika auf der Basis seines 120000-Mark-Etats plus der kostenfreien Inanspruchnahme der Infrastruktur des Versandhauses. Schwach müssen die Mittel- und Langstrecken sein, des starken Windes wegen, der allein die Sprinter und Springer nur in die eine gewünschte Richtung treibt.
Darin also haben die Fürther ihre Stärken. »Man könnte dann ja Zuschauertribünen näher an die Athleten heranrücken und auf die Mitte des Platzes stellen. Für einen Wettbewerb wie das Kugelstoßen, bei dem wir unsere Olympiasiegerin Claudia Losch vorstellen könnten.« Faika hat schon im Kopf, wie er den Platz gern aufteilen würde.
»Stellen wir uns doch einmal vor, wir hätten nun ein begrenztes Wettkampfangebot. Wir bekämen dadurch auch mehr Luft ins Programm, woraus sich eine bessere Information für unser Publikum ergäbe, das durch fachlich versierte Ansager unterrichtet und unterhalten werden müßte, etwa mit eingestreuten Kurzinterviews.«
Der Begriff von der Stadionatmosphäre wird ins Gespräch eingebracht. Außerdem: Aus der Konzentration auf das Wesentliche erwachsen eine bessere Besetzung der Wettbewerbe »und zufriedenere Athleten, weil besser honoriert, übrigens mit leistungsbezogenen Verträgen«. Es braucht nicht eigens darauf verwiesen zu werden, daß nun die Bandenwerbung gezielter auf die TV-Mattscheiben zu bringen wäre. Das Interesse der begehrten Sponsoren stiege.
Die zwei Organisatoren haben den ersten Dominostein angestoßen, und jetzt liegt eine ganze Straße von Dominos wie eine logische Kette vor ihnen. Dabei sind auch Späne gefallen. Der Mittelbau im Leistungssport erhält ein Wettkampfangebot weniger. Ob der Fachverband einspringt, bleibt die Frage, doch der Trend geht zur liebevoll aufbereiteten Spitzenleistung.
Auch andere Veranstalter müssen in diese Richtung denken, und schon gar kein Wunder ist es mehr, daß sich bereits ein Kreis gefunden hat, der sich ohne falsche Bescheidenheit »Top Eight« nennt. Die obersten Acht der frühen Saison. Ihnen gehören die Organisatoren von Eberstadt, Wörrstadt, Aachen, Rehlingen, Lage, Bad Cannstatt, Dingolfing und Fürth an. Drei von ihnen sind reine Springermeetings.
Sie möchten einen intensiven Austausch von Wissen, Erfahrungen und Erkenntnissen pflegen. Einer allein könnte sich als zu schwach erweisen, um mit Ausdauer die Muskeln spielen zu lassen – mit der Ausnahme vom LAC Quelle Fürth. Der folgt der höheren Einsicht.

Die Weltrekordlerin und spätere Weitsprung-Olympiasiegerin Anisoara Cusmir aus Rumänien springt »in den langen Schlauch« hinein. Auch die Optik muß stimmen, soll es weit hinausgehen. 1983 waren es angesichts der angenehmen optischen Täuschung 6,94 Meter

adidas
SPORT

Eberstadt: Höhenflug im Paradies

Es war der 9. Juni 1979. Samstag. Wer zum Leichtathletik-Troß sich zugehörig fühlte, hatte sich bis zum Abend in Erlangen einquartiert, da am nächsten Tag draußen in Fürth-Dambach das DLV-Frauensportfest anstand. Plötzlich brach in den sachte an- und abschwellenden Geräuschpegel die Nachricht, daß der 17jährige Dietmar Mögenburg und die kaum minder hoffnungsvollen 22 und 21 Jahre alten Carlo Thränhardt und Gerd Nagel in dieser Reihenfolge am Nachmittg in Eberstadt – wo liegt eigentlich Eberstadt? – den deutschen Hochsprungrekord um beträchtliche vier Zentimeter gleich auf 2,30 Meter verbessert hatten.

Es war eine Sensation und gleichzeitig eine Weltpremiere. Denn drei über 2,30 auf einen Schlag, nein, das hatte es vorher noch nicht gegeben. Überhaupt hatten mit dem sowjetischen Weltrekordler Wladimir »Täubchen« Jaschtschenko (2,34), dem Amerikaner Dwight Stones (2,32) und Rolf Beilschmidt (2,31) aus der DDR erst drei Hochspringer Resultate noch jenseits der Eberstädter Flugschneide aufzuweisen.

Um dem Leserpublikum eine besonders einprägsame Vorstellung von der Sprungkraft des über Nacht flügge gewordenen Trios zu vermitteln, wurde für die Montagausgaben der Zeitungen die Schlagzeile geboren: »Drei sprangen übers Telefonhäuschen.« Nachmessungen bestätigten übrigens diese spontane Vermutung bis auf den Zentimeter.

Spät in der Nacht trafen schließlich Bundestrainer Dragan Tancic und seine Springer in Erlangen im Ahtletenhotel ein, und sie ersetzten endlich die erste Sprachlosigkeit durch ihr gesichertes Wissen. Eberstadt liegt bei Heilbronn – daß es ein zweites in diesem Landstrich gibt, erfuhren wir zwölf Monate später, als wir dieses zunächst ansteuerten, und wiederum einen Juni danach verfuhren sich die Schweizer Sportjournalisten noch ein Stück weiter nordwärts nach Darmstadt-Eberstadt.

Der Peter Schramm, Trainer bei der TG Heilbronn, auch Bundestrainer für den Nachwuchs, wohnte dort. Aha, deswegen. Schon 1976, das war bekannt, hatte er die Hochspringer zu einem Familienfest einzusammeln begonnen, zum Saisonausklang, wofür er eigens einen Mannschaftscup kreierte. Diese Reihe stand jedoch unter einem ungünstigen Stern. Jedesmal regnete es, und mehr als dreihundert Zuschauer wollten sich dann nie fröhlich um die feuchte Anlage herumstellen.

Schramm ist urspünglich Religionslehrer gewesen, vielleicht sollte auf diese Tatsache jetzt hingewiesen werden. Eines Tages sattelte er zur Hälfte um, auf Sport; die Landeskirche half mit einem Stipendium nach.
Mit seinen Einladungen an die Hochspringer folgte er auch einem sozialen Antrieb, der sich in seinem Falle nun ausnehmend treffsicher mit dem lateinischen Wort Impetus beschreiben läßt, im Duden wie folgt erklärt: »Scholastischer Begriff für die von Gott verliehene Antriebs- oder Schwungkraft zur Bewegung der Körper im Weltraum«. Lediglich die Sache mit dem Weltraum mag leicht übertrieben sein.
Wem es jedesmal aufs Haupt regnet, sobald er nur zum Treffpunkt ins Freie einlädt, denkt irgendwann sogar über sein Gottvertrauen nach, ob es denn auch wirklich wetterfühlig genug sei. Schramms solchermaßen dringlich angestellten Überlegungen trafen gottlob mit dem Glücksfall zusammen, daß seine Heimatgemeinde ein Kleinspielfeld bauen und mit pflegeleichtem Kunststoff überziehen wollte.
Er schaltete, dachte sofort an seinen Hochsprung und fand offene Ohren für den doch bestimmt nicht unverschämten Vorschlag, den Belag einfach etwas dicker als üblich aufzugießen, wegen der erwünschten Elastizität. Statt sechs Millimeter deren zehn. Es sollte sich lohnen.
Die nur lokal bedeutende Eröffnungsfeier am 11. Juni 1978 in Eberstadt würzte der Einlader mit der Anwesenheit jenes neuen aufgehenden Sterns, dem blonden und außerordentlich langbeinigen Thränhardt, der dem Ruf Schramms prompt gerecht wurde, und nach erfolgreich überquerten 2,24 Metern sogar seinen eigenen deutschen Rekord von damals 2,25 Meter in Angriff nahm. Das sprach nicht nur für sein Talent, sondern auch für sich und mithin für die Qualität der Anlage.
Endlich auch hatte der Organisator mit der Wahl des Termins einen Griff in die Wundertüte getan: Es war einer von den brütend heißen Tagen, an denen die Weinbauern mit gelassener Genugtuung auf die grünenden Rebstöcke am Berg hinaufblikken. Während der Zeit um die Monatswende von Mai auf Juni flaggt der Himmel ja ohnehin gern ein stabiles Blau aus, und Schramm machte es sich von nun an zunutze.
Mit dem Dreierflug über 2,30 Meter ging ein Jahr später die Saat schon auf, und aus den anfänglich vierhundert Zuschauern wurden bald 1300, dann 2500, dreitausend und 1984 endlich über viertausend, mit ein paar hundert, die keine Karten mehr erwischt hatten. Das rote Rechteck am Ortsrand neben der Grundschule wuchs an dreien von seinen vier Seiten nach und nach mit Stahlrohrtribünen zu.
Wenn drei irgendwo über 2,30 fliegen, ist die Nachricht gleichzeitig auch bei der übrigen Elite die beste Mundpropaganda. Sie lockte schon 1980 den polnischen Olympiasieger Jacek Wszola an, der für den nächsten Höhenflug sorgte, als er mit 2,35 Meter sogar einen Weltrekord aufstellte, ein Kabinettstückchen, das der Chinese Zhu Jianhua drei Jahre später mit 2,39 wiederholte.
Bei den Eberstädter Hochsprungtagen von 1982 und 1984 kommentierte Schramm am Mikrophon im fälschungssicheren Idiom seiner Heimatsprache launig weitere Welturaufführungen mit zuerst vier und danach fünf Hochspringern über der 2,30-Meter-Grenzlinie, welche den Adel von den Aufsteigern scheidet.
Allein 1983, am 22. Mai, ein frühes Datum, das sowieso schon zu Befürchtungen Anlaß gab, hingen die Trauben auf dem Platz gegenüber dem mächtig ausladenden Weinberg, dem Eberfirst, nicht hoch. Das konnte gar nicht sein. Denn ein heftiger Schauer, der einsetzte, als die Latte auf 2,24 Meter gelegt wurde, hatte im Nu für einen seifenglatten Untergrund gesorgt, woraufhin das versammelte Geschwader schon bei der Höhe von 2,27 Meter seine Sonnensegel wieder einrollte.

Streicheleinheiten

Nach zwei vorausgegangenen Erfolgen des Schweizers Roland Dalhäuser mit Siegesleistungen von 2,30 und 2,31 Meter gewann mit Gerd Nagel einer von jenen, die einst den Ruf von Eberstadt begründet hatten.
Der Pächter der ans Kleinfeld angrenzenden neuen Eberfürsthalle machte im Laufe der Zeit die Erfahrung, daß die Busladungen, die bei ihren Kaffeefahrten in die Lokalität Einkehr halten, »immer den berühmten Platz sehen wollen. Sie sind dann ganz enttäuscht, wenn sie ihn vor sich haben.«
Der dem Sport Fernstehende kann nirgendwo den Zugang finden zu Peter Schramms Vorstellungskraft, zu dem einstigen Keimling, den er mit beharrlichem Glauben und hartnäckiger Hoffnung hegte, ehe der eines Tages explosionsartig aufbrach und seitdem reiche Frucht trug.

Um den mittlerweile schon stattgefundenen Festen über den Tag hinaus Dauer zu verleihen, ist der Vorschlag aufgetaucht, eine kleine Tafel an der Umzäunung zu befestigen. Darauf sollten die Sieger und die Rekorde verzeichnet werden. Es würde einen Sinn machen, warum nicht, für die staunenden Fremden und gewiß doch für die zweitausendfünfhundert Einheimischen. »Irgendwie«, sagte der Veranstalter, »sind alle stolz. Irgendwie sagen sie: ›Das ist unsere Sache.‹« Einer allein ist immer zuwenig. Schramm weiß es, und da die anderen wohl wissen, daß er es weiß, pakken viele mit an – Gruppendynamik.
Sie funktioniert unter anderem dergestalt: In einige Zimmer des Reiterhofes Krone sind Betten von 2,10 Meter Länge gestellt worden, wegen der langen Kerls; die Firma Hoerner, normalerweise mit Leuchtreklame befaßt, holt die Stahlrohrtribüne von der Böblinger Sporthalle ab und baut sie kostenlos auf, was einer Spende von 20000 Mark entspricht, und in dem Haus des Besitzers werden Athleten einquartiert und verköstigt; der Gastronom Schöpf kündigt an, fünf Springer eine Woche lang freihalten zu wollen, damit sie ihre Ruhe haben vor dem Sturm.
Dennoch hört Schramm in das stille Glück im Winkel hinein nicht selten die Frage: Läuft es sich nicht irgendwann tot? Hochsprung in Eberstadt, das ist Monokultur des Hochleistungssports. Der Angesprochene ist unterdessen kein ängstlicher, zaghafter Mensch, und deshalb pflegte er bisher zu antworten: »Eberstadt wird immer ein Erlebnis sein, wenn ich die Weltklasse biete. Eigentlich kann uns nur der Regen stoppen. Jeder will hier hoch springen, und er weiß von vornherein, daß er es hier auch kann.«
Thränhardt sagte einmal, die eigentümliche Atmosphäre, bei der sich ein jeder auf Händen getragen fühlt, sobald sein Name aufgerufen wird und er an die Reihe kommt, »macht eine Höhe aus«. Ein Plus von zwei oder drei Zentimeter dank der persönlichen Zuwendung.
»Atmosphäre« – das ist auch die Umgebung mit den Weinbergen, mit dem 700 Jahre alten Städtchen Eberstadt, das der Hochsprunganlage fast als Kulisse dient.
»Atmosphäre« – das sind die Tausende von Zuschauern, die bis auf wenige Meter an ihre Lieblinge herandrängen, die sie oft persönlich kennen, zum Kaffee nach Hause einladen, mit denen sie abends im Wirtshaus Karten spielen.
»Atmosphäre« – das ist der Käsekuchen, den die Monika Schramm während des Wettkampfs dem Carlo schenkt, »weil er den doch so gerne ißt«!
»Atmosphäre« – das sind die Kommentare von Ansager Peter Schramm, der jeden Sprung bewertet, den Athleten aufmuntert, sich mit ihm freut oder leidet. »Mensch, Dwight, die Höhe hast du drin, aber du bist doch viel zu nah an die Latte gelaufen!« Und der so Gescholtene, der die deutsche Sprache gut beherrscht, lächelt artig und verspricht, es beim nächsten Mal besser zu machen.
»Atmosphäre« – dazu gehört auch, daß der Sieger in Wein aufgewogen wird – 85 Flachen »Eberstädter Eberfürst« darf Roland Dahlhäuser mitnehmen – gespendet zum größten Teil von der Winzereigenossenschaft. Einmal haben sie ihn an der Schweizer Grenze noch gestoppt, und er mußte das Mitbringsel versteuern. Später haben die Eberstädter vorgesorgt, den Schweizer Zoll vorgewarnt. Soll keiner denken, in Eberstadt bliebe irgend etwas dem Zufall überlassen.
Schramm hatte seine Verteidigungsrede aber noch nicht zu Ende gebracht. »Der Tag, an dem acht oder zehn über 2,30 Meter springen, der könnte auch mal kommen«, räumte er die Bedenken weg, damit wieder der Optimismus durchs Gespräch zieht. »Einmal werden vielleicht mehr über 2,30 springen, ein andermal steht eine einzelne Superleistung für den Erfolg des Meetings. Interessant wären jetzt die Russen oder die DDR-Springer. Ihr Erscheinen wäre wieder eine Steigerung.«
Der Mann ist mit seinem Latein gut drauf, und endlich redete er sich in eine alles krönende Euphorie hinein: »Das ist eine Faszination – Hochsprung total!« Oder als Kürzel: Eberstadt!

Vom Himmel hoch...

Am Eingang geht im Gedränge der letzte Schub Eintrittskarten über den Tisch. Die Menschen suchen auf den Holzbänken, die kaskadenförmig angeordnet sind, ihre numerierten Plätze. Wer sitzt, genießt die Sonne und das Treiben auf dem herausgeputzten Festspielplatz der Hochspringer.
In Gruppen wird diskutiert. Jeder hat seine persönlichen Erwartungen mitgebracht und tauscht sie mit den Nachbarn aus. So schaukelt man sich gegenseitig hoch, steigert sich in die Sache hinein, und die Spannung wird dicht und dichter. Die Atmosphäre beginnt zu brodeln. Was wird

Carlo Thränhardt – in Eberstadt immer einer der beliebtesten und erfolgreichsten Teilnehmer

239,0
Start-Nr.
Höhe/cm
3. Versuch
00
INTER
SPORT
your
sh
world-w
Auto-
hneid

ihnen der Nachmittag, der Pfingstsonntag, am 10. Juni 1984, bringen?
Ein paar Schritte abseits vom Kleinfeld wärmen die Hochspringer noch ihre Muskeln auf, die Gesichter gleichmütig, ohne erkennbare Hast. Sie tasten sich langsam an den Wettkampf heran, zeitlupenhaft, horchen in sich hinein, als wollten sie noch einmal jeden einzelnen Bewegungsablauf vorprogrammieren. Sie schlendern, traben, laufen aneinander vorbei, ohne aufzublicken.
Auch der chinesische Weltrekordler Zhu Jianhua, ein 1,94 Meter großer, an die seidenen Drachen seiner Heimat erinnernder, zerbrechlich dünner Sportstudent aus Schanghai, ist nach Eberstadt gekommen. Aus der Höhle des Löwen will er eine Trophäe holen, deren magnetische Kraftfelder noch bis hin zur olympischen Entscheidung am 11. August, 62 Tage später, ausstrahlen sollen.
Die fernöstlichen Überlegungen erscheinen in jeder Hinsicht logisch. Wenn die deutschen – und die europäischen – Favoriten Dietmar Mögenburg, Carlo Thränhardt und Patrick Sjöberg auf der eigenen Walstatt bezwungen werden, wird ihre Zuversicht gebrochen sein, und am früheren Optimismus wird der Zweifel nagen.
Der unermüdliche Organisator von Eberstadt, Peter Schramm, erzählt schon die ganze Zeit herum, daß er im Oster-Trainingslager im südspanischen Estepona gewesen sei, und dort hätten Mögenburg und Thränhardt nur von »dem Chinesen« geredet, wie von einem Popanz, der vom Himmel herunterzuholen sei.
Sie alle wissen, daß Zhu diese Herausforderung so notwendig braucht wie sie selbst, allein schon, um den dritten Platz bei den Weltmeisterschaften 1983 in Helsinki noch weiter in die Vergangenheit zurückzustoßen, und auch, um die Meinung zu widerlegen, er könne nur zu Hause mit den Flügeln schlagen und Weltrekorde aufstellen, wie am 11. Juni 1983 in Peking und wenig später, am 22. September, in Schanghai mit Resultaten von 2,37 und 2,38 Meter.
So wappneten sie sich. In des Wortes ursprünglicher Bedeutung hieße dies, das Kriegsgerät auszupacken. Dies trifft zum Teil auch heute noch den Kern der Sache, denn Sieg und Niederlage verhalten sich zueinander wie die scharfe und stumpfe Seite eines Schwertes.
Draußen auf dem Rasen fällt kein lautes Wort. Die Athleten sind ganz bei sich. Sie versuchen, ihre Energien allmählich an den

So werden die Sieger in Eberstadt gefeiert: Roland Dalhäuser wird mit gutem Württemberger Wein aufgewogen

10. Juni 1984: Auf der Anzeigetafel steht die neue Weltrekordhöhe – 2,39 m. Zwar scheitert Dietmar Mögenburg dreimal, aber auf diesem sensationellen Bild wird deutlich, welche Sprungkraft in ihm steckt, wie klar er diese Höhe »drinhat«. Im Februar 1985 stellt er – in der Halle – diese Leistung übrigens ein

Weltrekordler Zhu Jianhua feiert seinen Weltrekord von 2,39 m (nächste Seite) und mit ihm freut sich Organisator Peter Schramm – ein Mann, der mit und für seinen Sport lebt

eigenen Explosionspunkt heranzubringen. Das dauert bis zu einer Dreiviertelstunde, und dann gehen sie hinein in die Arena, stellen sich einer ersten Probe.
Alles sieht festlich aus. Die Farben der Kleidung, besonders der Mädchen und Frauen, wirken nach den wochenlangen Regenfällen in der plötzlichen Sonne kräftig und stark. Eberstadt präsentiert sich mit feiertäglicher Heiterkeit, das Blut prickelt wie Sekt.
Das Einspringen vor dem Wettkampf ist wie immer eine Schau. Die Sportler testen die Laune der Zuschauer. Schersprünge, Hoch- und Bocksprünge, mit und ohne Hütchen, und das sie begleitende »Ah« und »Oh« soll die letzten inneren Verkrampfungen lösen. Die Selbstbewußten gewinnen den Boden unter den Füßen, den sie brauchen. Der Rest tut so als ob. Sie bewegen sich wie auf einem Laufsteg. Die Blicke von Tausenden auf sich gerichtet zu sehen, das hebt!
In der ersten Reihe hinter der seitlichen Abgrenzung sitzt der chinesische Botschafter mit seiner Delegation. Die Kampfrichter messen die erste Sprunghöhe aus; 2,10 Meter. Die Springer haben ihre Anläufe exakt justiert, die Trainer geben Handzeichen: ein Fußbreit vor oder zurück.
Schramm bemächtigt sich des Mikrophons neben dem Sprungkissen. Er erzählt, daß diesmal 3866 Karten verkauft worden sind. Er verzichtet mit sicherem Instinkt auf die eigentlich mit dem Fernsehen vereinbarte Vorstellung der 16 Teilnehmer, von denen elf persönliche Bestleistungen von 2,30 Meter und darüber aufzuweisen haben.
»Es liegt was in der Luft, wir wollen das nicht verzögern.«
Die Menge, erleichtert, applaudiert.
Die Besten wählen 2,20 Meter als Anfangshöhe. Das war bis ins Jahr 1972 hinein deutscher Rekord. Alle 16 fliegen über die Latte. Der Fosburyflop ist ein Genuß. Der Körper spannt sich und beschreibt im Idealfall einen Triumphbogen. Der Mensch vermittelt in diesem Sprungstil, rücklings, eine Ahnung vom Fliegen aus Muskelkraft. Hoch hinaus und vier, fünf Meter weit, mehr vermag er nicht. Doch es sieht schön aus, berauschend schön.
Bei den Höhen von 2,24 und 2,27 scheiden die ersten aus. Über 2,30 Meter kommen auf Anhieb drei, nämlich Gerd Nagel, Carlo Thränhardt und Patrick Sjöberg. Zhu zeigt im zweiten Versuch, daß sein erstes Scheitern bloß eine technische Nachlässigkeit war. Mögenburg muß im dritten dagegen zum letzten Mittel, der Anwendung von Brachialgewalt, greifen. Roland Dalhäuser läßt aus. Er spekuliert auf den Schweizer Rekord, der auf 2,33 steht. Die Bekanntgabe seines Entschlusses wird von einem Raunen begleitet.
Thränhardt, seit dem 24. Februar mit der Leistung von 2,37 Meter der Hallenweltrekordler, und Mögenburg, seit dem 3. März der Halleneuropameister, lassen ihrerseits 2,33 aus. In dem neuerlichen Raunen gewinnen die anerkennenden Ausrufe die Oberhand. Der Wettkampf ist nun eine heiße Kiste. Nagel und Dalhäuser scheitern. Der Schwede führt hingegen, als er seinen Landesrekord einstellt, eine Sprungkraft vor, die ihn zum Zwischendurch-Favoriten auslobt.
Die nächste Höhe darf Schramm sich selbst widmen, seiner Arbeit, dem wochenlangen Streß. 2,36 Meter. Gemeinsam mit Sjöberg greifen zwei Deutsche den Europarekord eines anderen Deutschen an, des Olympiasiegers Gerd Wessig aus Cottbus in der DDR. Dazu Zhu. Der Erfolg der Springer ist der Erfolg des Organisators.
Bei vier Kandidaten ist die statistische Wahrscheinlichkeit eher groß als klein, daß es wenigstens einer packt. Aber im ersten und zweiten Durchgang hören die Zuschauer nur das scheppernde Geräusch der herunterfallenden Latte. Als Sjöberg, der wie ein blonder Engel aussieht, sie auch im dritten Durchgang mit der Hacke herunterholt, wobei sein Körperschwerpunkt in der Gegend um 2,40 Meter über der Erde segelt, malt manch einer schon den Teufel an die Wand.
Vorhin erst hat Schramm gesagt: »Eberstadt wird spätestens am Montag jeder in China kennen.« Das Glück des Tüchtigen steht auf der Kippe.
Mögenburg läuft an zur letzten Chance – und er setzt drüber weg! Ein Aufschrei! Ist das der Sieg? Doch Zhu und Thränhardt folgen, als sei gerade eine Schleuse weit geöffnet worden. Schlag auf Schlag ist es gegangen, und ein entrückter Schramm ist jedem Athleten mit der selbstlaufenden Mechanik einer Gliederpuppe hinterher aufs Sprungkissen gehüpft.
Die neue Weltrekordhöhe kann ausgemessen werden. Mögenburg hat, das führt er gleich vor, die Höhe in den Beinen, aber nicht im Griff. Er steigt, und ein Foto wird es noch beweisen, bis in die unvorstellbare Region von 2,45 Meter hinauf. Aber der Feinschliff fehlt – noch!
Zhu hat seine bei 2,33 und 2,36 erkennba-

ren Anlaufprobleme mittlerweile gemeistert. Es wird nicht mehr gelacht, nur noch gestaunt, wenn er wie ein Sprinter während der letzten acht Schritte auf seinen Absprungpunkt zurast.
Man fragt sich, wieviel Glück er bei aller Gekonntheit doch noch benötigt, um in der fliegenden Hast die schwierigen Bewegungsabläufe aufeinander abstimmen zu können. In diese Gedanken hinein, es ist schon der zweite Versuch aufgerufen, fliegt er tatsächlich über die Latte, hauchdünn, schräg von rechts außen kommend. Alles paßt. Seine Trefferquote liegt also nicht in einem extremen Zufallsbereich, sondern sie besitzt eine durchaus errechenbare Glaubwürdigkeit. Hier ist innerhalb von 365 Tagen mit nur sechs Wettkämpfen schon der dritte Beweis erbracht.
Kaum ist Zhu auf dem Rücken gelandet, beginnt der Rausch. Wie von Sinnen hüpft er, die Arme weit ausgebreitet – dieser Kuß der ganzen Welt – auf und nieder, fünfmal. Der Dolmetscher Gao sprintet zu ihm hinauf und reißt ihn um, Schramm vergißt schon wieder sein Mikrophon und ist oben bei ihm. Da hat er seine Dreifaltigkeit von dieser Welt: Rekorde, Rekorde, Rekorde. Für Deutschland, Europa und den Erdkreis.
Die Leute stehen auf ihren Bänken und genießen in vollen Zügen das Schauspiel. Zhu umarmt seinen Trainer Hu und den Botschafter mitsamt den nachgeordneten Gelbhäutigen, und in die irgendwann abebbende Ekstase hinein beginnen übergangslos Sprechchöre. Klatschrhythmus setzt ein. »Carlo!« »Carlo!« Und danach »Dietmar!« »Dietmar!« Aber das ist es für heute gewesen. Schramm sagt noch, und er erweist sich als guter Prophet: »Dietmar hat Maß genommen.«
Bei der Pressekonferenz wird Zhu erzählen, daß sein Hauptmotiv der Dienst am chinesischen Volk sei. »Wir sind ein nicht so reiches Volk, wir müssen uns entwikkeln.« Er zeigt, wieviel Möglichkeiten in einem Menschen stecken. Mögenburg wird sagen: »Wir müssen die Karten neu mischen.« Er denkt an die Olympischen Spiele und will sich nicht nervös machen lassen. Was Zhu nicht kennt, ist die Wesensart des 2,01 Meter großen Rheinländers, der erst in eine restlose, alles in Frage stellende Unsicherheit gestürzt werden muß, bevor er überhaupt zu den absoluten Mächtigkeitsspringen fähig ist. Wer ihn beeindrucken möchte mit Rekorden und Generalprobensiegen, trifft nicht seine wunde, sondern

13
INTER
SPORT

NIKE

die gesunde Stelle, dort, wo die besten Instinkte lagern.
Er hat die Niederlage von Eberstadt benötigt – um in Los Angeles Olympiasieger zu werden. Vor Sjöberg und Zhu. Dietmar Mögenburg ist die berühmte Ausnahme von der Regel. Aber das ist schon wieder eine andere Geschichte.

Zum hohen Lobe der Provinz

»Ich sage nur: China! China! China!« Es war Wahlkampfzeit Ende der sechziger Jahre. Ich stand in Fulda auf dem Schloßhof im Schatten der Scheinwerfer, die den Politiker aus Bonn anstrahlten, der wohlfeil ein Drohpotential aus der Tiefe des asiatischen Raumes aufmarschieren ließ – lauter gepanzerte kleine, blaue Ameisen mit Ballonmützen, Abermillionen, unübersehbar viele, eine Flut, die kein Staudamm aufhalten vermöchte.
Blaue Ameisen. Persönliche Kennzeichen: keine. Zumindest keine, die aus der halben Erddistanz zu erkennen gewesen wären.
Das war 15 Jahre vor Eberstadt, und nun, am 5. Juni 1984, abends um 21.15 Uhr, steht Peter Schramm gleich hinter der Paßkontrolle auf dem Frankfurter Rhein-Main-Flughafen und macht sich auf Menschen mit gelber Haut gefaßt.
Während der vergangenen Jahre hat sich die Erde weitergedreht und damit auch manches Wort im Munde, und Schramm verbindet mit China sehr anschaulich jetzt eine vierköpfige Delegation, die sich aus Lou Da Peng, dem Vizepräsidenten des dortigen Leichtathletik-Verbandes, Zhu Jianhua, dem Weltrekordler im Hochsprung, Hu Hongfei, dessen Trainer, und Shu Cai, einem zweiten Athleten, zusammensetzt.
Schramm ist nervös, innerlich erregt. Er ist einer wie du und ich und keiner von jenen beiläufig Souverän-Gewieften, die gern mit dem Finger schnippen, auf daß die dienstbaren Geister dieser Welt vor ihnen den Diener üben.
Die Tatsache, daß Lou, der Vize, dabeisein soll, hebt den Besuch auch sichtbar auf eine höhere Ebene, weshalb das Eberstädter Empfangskomitee um die Person von Heiner Henze, den Generalsekretär des Deutschen Leichtathletik-Verbandes, erweitert worden ist.
Die Flügel der automatischen Tür schwingen einige Male auf und zu, sie schleusen unentwegt die Passagiere auf den Vorplatz und von dort weiter in die langen Korridore hinein, und Peter Schramm sagt: »Ich kann es erst glauben, wenn ich sie sehe.« Die zurechtgelegten Erkennnungsmerkmale sind immer noch nicht die Gesichter der Ankommenden. Aber dies ist normal. Zhu, der muß ein langer Chinese mit einer Sporttasche in der Hand sein, also ein seltener Anblick, und Henze kennt Lou, mit dem er den Besuch im vorausgegangenen Herbst beim Kalenderkongreß in Madrid abgesprochen hat.
Endlich kommen sie heraus. Lou bestreitet eloquent die Konversation, sein Englisch fließt dahin und unterspült im Nu die Fremdheiten. Zhu ist anzumerken, daß er schon oft im Mittelpunkt des Interesses gestanden hat.
Der Trainer Hu, ein grauhaariger, schwerer Mann, dem entweder jedes oder kein Alter anzusehen ist, radebrecht sich bald in eine Jovialität hinein, aus der sich während der nächsten Tage keiner von uns mehr herauszustehlen wünscht.
Nach der Nacht arrangiert ihnen die junge Wirtin des Reiterhofs Krone an der Hauptstraße ein Frühstück auf den Tisch, bei dessen Zubereitung Lukull als Schutzpatron Pate gestanden haben muß. Die Gäste nippen hier und nippen da, von Wolfshunger keine Spur, und die Frau verfällt in Sorge. »Habe ich etwas falsch gemacht?« Um Himmels willen. Es folgt ein Austausch von Freundlichkeiten.
Danach kommt ein Fotograf, und es ergibt sich, daß in der nahen Schule gerade die große Pause ist, und Zhu und Cai werden mitten in den Haufen der heranbrandenden Kinder gestellt, aus dem sie schon ob der Größe wie fremdartige Kraniche herausragen. Am Nachmittag lassen sich die Gäste auf einem Sportplatz in Heilbronn wieder von allen Seiten ablichten.
Nur als das Regionalfernsehen den Wunsch vorträgt, Zhu möchte doch einmal über die Latte floppen, ein Sprung, der sich für die Zuschauer schließlich mittels Zeitlupe und Superzeitlupe beliebig verlängern ließe, gibt es ein nettes Nein. Das Aufwärmprogramm sieht keinen Sprung vor, so halten sie es mit der lockeren Strenge.
Es ist Mittwoch, und bis zum Sonntag sind die Chinesen und die Eberstädter miteinander bekannt und vertraut. Lou sagt beim Empfang des Bürgermeisters im Saal der Weingärtnergenossenschaft, sie hätten sich in Eberstadt verliebt, und dazu weiß Frau Schramm zu berichten: »Die machen sich schon schwer Freunde im Ort. Sie streicheln die kleinen Kinder und lächeln alle Leute freundlich an.« Die Kinder machen

Sie haben in Eberstadt ein großartiges Ergebnis geschafft: Zhu Jianhua siegt mit der neuen Weltrekordhöhe von 2,39 m, aber auch Carlo Thränhardt und Dietmar Mögenburg stellen noch mit 2,36 m den Europarekord von Gerd Wessig aus der DDR ein

es sich zur Gewohnheit, die Chinesen schon beim Frühstück zu besuchen.
Die Zeit bis zum Tag des Springens vergeht wie im Flug, und nach dem Weltrekord vergrößert sich die gegenseitige Zuneigung noch um ein Vielfaches. Deshalb ist es am Abend des Pfingstmontag kein Zufall, daß die Chinesen im saarländischen Rehlingen, wo sie inzwischen zu einem zweiten Wettkampf auf deutschem Boden eingetroffen sind, dem Wunsch nach einer nochmaligen Rückkehr nach Eberstadt stehenden Fußes Folge leisten. Zum Lobe der gastlichen Provinz.
Dort erwartet sie schon der Wirt Schöpf von der Eberfürsthalle, der genau weiß und es noch mehr fühlt, daß er Stunden und Augenblicke erlebt hat, die er sein Lebtag nicht mehr vergessen wird. Aus diesem Grund hat er eilig eine Urkunde anfertigen lassen, erstellt im Juni 1984. Den wohlmögenden Worten läßt er die Tat einer Einladung für 25 Personen, alle, die am Gelingen des Festes beteiligt waren, nachfolgen.
Vor dem Heimflug besuchen die Chinesen Heidelberg, und weil ihre kleinen Geschenke ausgegangen sind, überreichen sie den Kindern am Bus mit entschuldigender Geste ihr restliches Hartgeld, und Thomas, der sie immer fuhr, erhält in Ermangelung eines landesüblichen Erinnerungsstückes den Siegerpreis Zhus von Riga.
Drei Wochen später wird ein dicker Brief bei Schramms eintreffen. Der Inhalt sind zehn Fotos. Die darauf abgelichteten Kinder sind auf den Rückseiten mit ihren Namen jeweils einzeln benannt, und es wird die Bitte ausgesprochen, die Bilder an sie weiterzuleiten, an Claudia, Diana, Timo, Daniela und die anderen.
Als Lou Da Peng wieder beim Kalenderkongreß, diesmal Ende Oktober in Brüssel, darauf angesprochen wird, ob er und Zhu und Cai und der Trainer Hu auch 1985 nach Eberstadt kommen würden, antwortet er: »Wenn wir eingeladen werden, sehr gerne.« Danach rühmt Peter Schramm die Höflichkeit und das Stilgefühl der Chinesen in noch höheren Tönen, als er es seit dem Pfingstsonntag schon getan hat.
China! China! China! Menschenskinder. Wenn der Sport will – und darf, kann er vieles bewirken. Die Beteiligten spüren nun ein seltsames Walten. Je weiter sich die Junitage von 1984 entfernen, um so mehr kommt es ihnen vor, als zerfließe die vergangene Wirklichkeit so lange, bis sie zu einem Märchenstoff gerinnt. Es war einmal...

Götzis: Der Zufall als ein Schicksals-lenker

Der abschließende 1500-m-Lauf ist wahrscheinlich die härteste Prüfung für die Athleten im Zehnkampf. Noch wirken Siggi Wentz, Jürgen Hingsen und Daley Thompson frisch – am Ende des Rennens haben sie sich bis zur totalen Erschöpfung ausgegeben

Besonders das Feiern von Jubiläen lädt zum Rückerinnern ein. Am Wochenende des 19. und 20. Mai 1984 hatten die Organisatoren des internationalen Mehrkampf-Meetings in Götzis ihr Zehnjähriges.
Das ist in der Tat ein Ereignis, das nicht von vornherein in einer 8800 Einwohner zählenden Marktgemeinde im österreichischen Vorarlberg gesucht werden kann. Wer sich schwer tut, den Ort auf der Landkarte dingfest zu machen, was ihn nicht beschämt: Götzis liegt südlich vom Bodensee. Bei Bregenz auf die Autobahn fahren und nach etwa zwanzig Kilometern auf die Ausfahrtschilder achten.
Warum ausgerechnet Götzis? Weshalb hat hier Daley Thompson zwei Weltrekorde und dazu einen Junioren-Weltrekord aufgestellt, hat Guido Kratschmer seinen ersten deutschen Rekord zusammengetragen, ist Jürgen Hingsen – schon wieder hinter Thompson – in die Weltelite aufgestiegen, gelang Sepp Zeilbauer ein österreichischer Rekord, haben bis jetzt 17 Athleten 28 Resultate jenseits der Baumgrenze der Zehnkämpfer, der 8000-Punkte-Marke, auf die Beine gestellt?
Es ist die beliebte Frage nach dem Erfolgsrezept. Warum? Es gibt in Bregenz den Textil-Ingenieur Konrad Lerch, einen weltoffenen Mann. Er war von 1970 bis 1981 der österreichische Bundestrainer der Zehnkämpfer, und in Götzis betreute er drei junge Leute, die es immerhin zum Mannschaftsmeister des Landes gebracht hatten. »Viele im ländlichen Bereich begehen den Fehler und klammern die Weltklasseleistungen für sich aus«, sagt er. Da war einer, der seinen Neigungen an jedem Ort zutraute, Verkrustungen und Bangigkeiten aufzubrechen. Nur beharrlich mußte man sein.
Eines Tages hatten sich die Dinge soweit entwickelt, daß der Wunsch, die nationalen Titelkämpfe vor der eigenen Haustür abzuwickeln, sich ganz normal anhörte. Sie hatten bereits etwas geleistet und wollten sich beweisen. Der Prophet sehnt sich nach nichts mehr, als im eigenen Land die ihm zustehende Geltung zu erfahren.
1973 war es soweit. Sepp Zeilbauer hinterließ mit einem Siegerresultat von exakt 8000 Punkten einen tiefen Eindruck. So weit weg von Wien oder Graz oder Innsbruck und trotzdem achttausend Punkte. Hoppla! Konrad Lerch zog mit Werner Ströhle und Armin Hug noch eine andere Bilanz: »Sieh mal an, es kommen auch Zuschauer zu uns.« Die beiden Kompagnons sind der heutige Vorsitzende des Organisationskomitees sowie der technische Leiter des Meetings.
Für jemanden, der sich wohl schon tausendmal darüber vergewissert hat, daß herrlich ist, was er zur Schau stellt, der aber auch ahnt, daß der Gegenstand seiner Leidenschaft vielleicht doch zu übersichtlich und schwierig für eine breit gelagerte Anteilnahme sein könnte, sind zweitausend Zuschauer eine stolze Zahl. Der Lohn der Mühen.
Noch im gleichen Jahr richtete Innsbruck eine Vorrunde im Europapokal-Wettbewerb aus. Zeilbauer begeisterte mit neuem Landesrekord, und ihm gehörten in der Alpenrepublik an den auffälligsten Stellen die Schlagzeilen der Sportseiten, und wieder unterhielten sich die drei aus Vorarlberg darüber, ob und wie sie diese Popularität mit ihren Mühlen weiter antreiben könnten.
Zehnkampfmenschen sind von hohem Sendungsbewußtsein durchdrungen, was auch daran liegt, daß sie innerhalb der großen Leichtathletik wie Außenseiter behandelt werden. Wer anderes sagt, ist ein Sonntagsredner. Sie schließen sich, ein natürlicher Reflex, zu einer Art von Bundesgenossenschaft zusammen.
Ihre Stärke schöpfen sie daraus, ihre Schwächen eines Tages kleinzukriegen, in zehn Prüfungen. Sie klettern im höchsten Gebirge der Welt und genießen die Herausforderung.
In einer vergleichbaren Lage befanden sich die angehenden Organisatoren in Götzis. Sie standen am Fuße des Massivs, noch weit unterhalb eines ersten Basislagers. Sie hatten eigentlich erst die Schaufenster des Sportgeschäfts betrachtet, das ausgelegt ist mit der Köderware für die Hochalpinistik.
Es ist unglaublich, wie oft der Zufall als Schicksalslenker seine Rolle spielt. Was den handelnden Personen am Tage der Weichenstellung zu tun übrig bleibt, ist ein zielgerichtetes Handeln: Zupacken! Danach, falls es gutgeht, wird man gerne vom Glück des Tüchtigen sprechen; es ist nicht allzu weit verbreitet, nicht so weit, daß beispielsweise Steppenbrände daraus entstehen können. Sonst gäbe es mehr als ein Eberstadt und ein Götzis.
Für das Mehrkampf-Meeting war es ein eigentümlicher Zufall, daß der alte Sportplatz, der über eine Aschenbahn von hundert Meter Länge verfügte, einer Straßenbaumaßnahme weichen mußte. Die politischen Parteien versprachen als Ersatz ein Stadion in Mösle. Und weil die Leicht-

LAV
BAYER
BANK
3
VOLKS BANK
5
18

athleten in Vorarlberg sehr rege waren – ihre Gemeinschaft wurde 1984 auf sieben Vereine aufgestockt –, mithin auch in der Welt herumkamen, dachten sie nicht mehr an eine Aschen-, sondern an eine Kunststoffbahn.
Damals gab es in Österreich nur eine. In Graz. Werner Ströhle mußte sich in den Gremien, in denen er seinen Vorschlag zu unterbreiten hatte, wie ein Hochstapler vorgekommen sein. Das machte aber nichts, und er meldete sich mit seinem Anliegen schließlich bei dem für den Sport zuständigen Unterrichtsminister Fred Sinowatz an, dem derzeitigen Bundeskanzler, hatte derselbe doch, da gerade Wahlkampfzeit herrschte, in Zeitungsannoncen seiner Partei die Bürger aufgefordert: »Rufen Sie mich an!«
Ströhle rief an, und Sinowatz hörte ihm nicht nur zu, er veranlaßte auch, daß das Projekt in der Prioritätenliste der Region, in der Reihung, von unten an die Spitze rückte. Daß in Vorarlberg die Oppositionspartei in der Mehrheit war, spielte ebenfalls eine tragende Rolle in dem Stück. Keiner wollte dem anderen nachstehen. Sportler sind auch Wähler, und ihre Zahl steigt. So ist »das kleine Wunder«, nach den Worten des Dritten im Bunde, Armig Hug, geschehen.
Das erste Projekt sah vier Rundbahnen vor. Die Leichtathleten drückten sechs durch. »Ja, wollt ihr denn eine Europameisterschaft veranstalten?« hatten ihnen die Kommunalpolitiker vorgehalten. Ein paar Jahre später hätten sie am liebsten die international üblich gewordenen acht Bahnen gehabt. Lerch: »Das konnten wir uns auch nicht vorstellen, diese Entwicklung.«
Die Anlage wurde erstellt. Während hier ein Keimling lag und nur auf den Durchbruch wartete, fielen in Schielleiten die Blätter. Dort, auf dem Gelände der Bundessportschule, hatte der Österreichische Leichtathletik-Verband, sich der Mittlerrolle zwischen den politischen Blöcken bewußt und sie nutzend, schon eine geraume Zeit Mehrkämpfe veranstaltet.
Über den Zuspruch durften sie sich freuen, doch der weiteren Zuversicht stand das doppelte Hindernis entgegen, nur über eine Sportanlage mit Asche und vier Bahnen zu verfügen; es handelte sich just um die Art von Benachteiligung, gegen die sich die Vorarlberger aus guten Gründen gewehrt hatten.
Der Bundestrainer Lerch beobachtete die gegenläufigen Entwicklungen jeweils aus nächster Nähe. Er erinnert sich: »Die Mehrkämpfer aus den anderen Ländern haben schlußendlich zu Schielleiten gesagt: ›Wir wollen ja Leistung bringen, und das geht auf der Aschenbahn nicht mehr. Daraufhin ist man vom ÖLV auf uns zugekommen und hat gefragt: Könnt ihr den Gedanken aufgreifen?‹«
Das Aufgreifen ist kein Problem. Erst das Tragen. Aber die Kunststoffbahn lag, und sie verpflichtete.
Die Vorarlberger Leichtathleten befeuerten sich gegenseitig, wie sich denken läßt. Sie schlossen sich damals zur Leichtathletik-Gemeinschaft, kurz LG, zusammen, und wenn nur viele genug sagen, es gehe, am Anfang auch ohne Sponsor, mag eine solche Reibung entstehen, daß am Ende die gesamte Gruppe aufflammt. Auf geht's!
Wen die Götter lieben, den prüfen sie: Es goß bei der Uraufführung im Mai 1975 vom dritten Wettbewerb des Zehnkampfes an, dem Kugelstoßen, und es hörte bis zum 1500-Meter-Lauf am nächsten Abend nicht mehr auf. Außerdem war es kalt. Der Blick auf die verhangene nahe Bergkette im Osten vergewisserte die auf die Haut Durchnäßten, daß die Schneefallgrenze bis auf tausend Meter heruntergefallen war.
Freilich, der ersprießliche Lichtpunkt im enttäuschenden Grau war die Anteilnahme der Bevölkerung. Fünfzehnhundert zahlten Eintritt. Die Neugierde hatte überwogen, mit Burglinde Pollak aus der DDR eine leibhaftige Weltrekordlerin zu erleben und mit Diana Jones aus Kanada die anziehendste Fünfkämpferin ... unter der Sonne.
Konrad Lerch staunte, wie leicht es ihm auf Anhieb gefallen war, Mehrkämpfer aus neun Nationen von Schielleiten weg ins Mösle-Stadion umzuleiten. Aus dem Stand heraus wuchs das Meeting zu der bedeutendsten Sportveranstaltung in Vorarlberg heran. Es braucht nicht schon wieder eigens darauf hingewiesen zu werden, daß hier urprünglich nicht der Nabel der Welt zu finden war.
»Finanziell sind wir gleich ins Minus gerutscht.« Der Bund, das Land, die Gemeinde griffen unter die Arme, und die Österreicher waren damals schon nicht so verschämt wie lange Zeit die Deutschen. Sie zierten sich nicht, über die Tatsache zu frohlocken, daß das Fernsehen, der ORF, zu den Gönnern der ersten Stunde gehörte, denn durch die Übermittlung der bunten Bilder in die Haushalte wurde die Werbewirtschaft aufmerksam, und daraus ent-

Der Hochsprung ist eine der Stärken von Jürgen Hingsen (oben), während sich sein großer Konkurrent Daley Thompson in dieser Disziplin meistens schwertut

Bilder Seite 112/113: Kraftakte mit Kugel und Diskus der unvergleichlichen Zwei, Daley Thompson und Jürgen Hingsen. Wenn's ums Siegen geht, ist der Brite dem Deutschen über. 7:0 steht es im direkten Vergleich

VOLKS
18

standen bald feste Abmachungen und Verträge.
Im Fünf- und seit 1981 im Siebenkampf der Frauen hat Götzis die Besten zu Gast gehabt. Die Amerikanerin Jane Frederick lebte sogar ein halbes Jahr in der Gemeinde; sie war heimisch geworden mit vier Siegen. Vier Jahre später wollte Ramona Neubert aus der DDR unbedingt den Weltrekord zurückholen, den ihr die Landsmännin Sabine Paetz genommen hatte. Aber sie verletzte sich noch vor dem ersten Startschuß beim Aufwärmen.
Die Damenwelt besitzt eine treue Anhängerschaft, und der Organisator teilt seine Aufmerksamkeit säuberlich und gerecht auf. Doch ist es das Bild von Herkules, das die meisten und die Medien anzieht. »Es sind im Moment unwahrscheinliche Typen. Das sind Leute!« Konrad Lerch schwärmt beim leisesten Antippen.
Vier Mannsbilder prägten den Zeitabschnitt des ersten Jahrzehnts. Da war der Olympiazweite Guido Kratschmer: Sieger 1976 und 1978. Mit Punktzahlen von 8381 und 8410. 1976 stürzte Kratschmer jene einst epochalen 8319 Punkte vom Sockel, die Kurt Bendlin neun Jahre zuvor in Heidelberg zu einem Weltrekord aufgeschichtet hatte. Da war Sepp Zeilbauer, der das unverzichtbare patriotische Kolorit einbrachte: Er gewann 1977 und 1981 mit Resultaten von 8063 und 8191. Da war auch der Sowjetrusse Grigorij Degtjarew, Erster 1983 und 1984 mit 8454 und 8579.
Wenn es richtig ist, daß erst der Star den Rang einer Veranstaltung ausmacht, deren Wert er zusätzlich dadurch erhöht, daß er sich auch mächtig ins Zeug legt, muß Götzis für den Athleten Daley Thompson, den Olympiasieger von 1980 und 1984, Welt- und Europameister, ein Ort der liebevollen Zuneigung geworden sein.
Der Brite ist ein Wettkämpfer, der nur sehr rar seine Auftritte streut, einen bis drei pro Jahr. Zwischen 1978 und 1984 waren es in sieben Sommern 14. Bei der Hälfte kämpfte er um verschiedene Meisterehren. Den Rest teilte er auf in Zweitageunternehmungen in Flein, Saskatoon, Toronto, Westwood und dreimal Götzis. Nichts kann eine Wertschätzung besser ausdrücken. »Thompson ist die Figur des Jahrzehnts.« Für das Mösle und den Erdball.
Die Bevölkerung liebt das Mehrkämpfer-Meeting. Sie pilgern familienweise auf den Platz und bleiben den langen Tag da. Hinter der Tribüne halten sie an den aufgestellten langen Tischen ihre Brotzeit, hinläng-

lich beschallt durch die Lautsprecher und in Sichtweite der Schiefertafel, auf welche mit Kreide die neuesten Zwischenstände in Sieben- und Zehnkampf notiert werden.
Es gibt genug zu erzählen. Die Spannung in einem Zehnkampf ist bis kurz vor dem Finale immer halbgar, sie brutzelt teils auf großer, teils auf kleiner Flamme, sie verströmt Wärme und Hitze, und niemand weiß, wann das eine oder andere geschieht. Dies ist das Prickelnde, die über allen Spekulationen lagernde Ungewißheit.
Die Größen sind nahe, und es heißt, auch die Bürgerinnen hätten ihre helle Freude. Lerch beobachtete es genau. »Der Schweizer Niklaus ist ein populärer Athlet vor allem bei den Frauen. Oder unser Georg Werthner, der Doktor. Ein Filmschauspielertyp. Auch einer wie Siggi Wentz ist beliebt, weil er offen ist und gern lacht.« Der Olympiadritte von Los Angeles.
Es »menschelt« im Ambiente. Kein böser Pfiff, kein Haß. Und die Politiker jeder Couleur drücken ein Auge zu. Können die weltbesten Sportler schon nicht mehr sicher sein, sich gemeinsam bei Olympischen Spielen zu messen, weil die nationalen Oberhäuptlinge ihre Athleten wie Zirkuspferdchen benutzen, vereint Götzis sie auf neutralem Boden unverfänglich.
Es ist ein Trost.
Noch in jedem Jahr würden sie die Überlegung neu anstellen, ob die Belastung noch auszuhalten sei. »Die Freude, die diese acht Mann vom Organisationskomitee aus den Meetings ziehen, ist der Motor, es weiterzumachen.« Armin Hug und Werner Ströhle schließen sich den Worten des Trainers an und kommen, weil sie das Gefühl haben, noch einen Schlußpunkt setzen zu sollen, auf den Besuch des österreichischen Bundespräsidenten zu sprechen.
»Er ist ein Mann, der beeindruckt, weil er immer sehr gescheit redet. Also, 1983 war im nahen Hohenems die Stadterhebung. Sie fand zufällig am Tag unseres Sportfestes statt. Dazu war der Bundespräsident eingeladen. Wir wußten bald, daß er zugesagt hatte, und aus dem Kreis unseres Organisationskomitees kam die Frage: Warum nicht den Herrn Kirchschläger einladen?« Winfried Waibel stellte den Kontakt zum Sekretär des Bundespräsidenten her und erreichte, daß das Staatsoberhaupt kam.
Kirchschläger nahm an und erlebte seine erste Leichtathletik-Veranstaltung. Er blieb am ersten Tag bis zu den 400-Meter-Läufen zum Abschluß, so daß der Sonderzug mit Verspätung nach Wien zurückfuhr.

Der König aus den Slums

Daley Thompson hat wieder einmal triumphiert. Die Siegerpose ist Routine

Bild Seite 116: Selbstbewußt, siegessicher – manchmal wirkt er in seiner Unerschütterlichkeit arrogant: Daley Thompson. In Götzis fühlt er sich am wohlsten

An Daley Thompson sind die Organisatoren von Götzis geraten, als es noch leicht war, ihn zu kriegen. Er ist sogar offeriert worden. Thompson war 18 und noch in der Obhut des britischen Nationaltrainers Bruce Longden, und der diente seinen jungen Logisgast dem Konrad Lerch bei einem Pausenplausch während einer Trainertagung im Frühjahr 1977 in Athen an.
»Der wird ein guter Athlet!«
Nun kommt es bei derartigen günstigen Gelegenheiten nur noch darauf an, hellhörig zu sein und auch entschlossen nach dem Schnäppchen zu greifen: Ja sagen und zwei Flugtickets sowie die Aufenthaltskosten tragen. Risiko! Die alte Geschichte.
Der Bursche stöpselte am Wochenende des 21./22. Mai 1977 im Möslestadion mit 7921 Punkten einen Junioren-Weltrekord zusammen, obwohl er mit tausend Albernheiten und Späßchen ebenso auffiel wie mit verblüffend leicht hingesetzten Leistungen.
Nun ist der Zehnkampf ein strenger Gebieter. Er erzieht den Adepten, bevor er ihn in die Geheimnisse seiner Alchimie einführt, damit zu gegebener Zeit wirklich ein Goldmacher aus ihm werde. Der Zehnkampf bändigte auch den Grimassenschneider, und Thompson wurde reif für die Weltrekorde, für die wertvollen in der Klasse der Erwachsenen.
1980. Der Amerikaner Bruce Jenner besorgte mit 8618 Punkten das Maß aller Dinge. Lerch saß im Olympiastadion von Montreal und schüttelte den Kopf. »Das darf ja nicht sein. Er lähmt die Konkurrenz auf Jahre.«
Es war Guido Kratschmer, der zuerst die Brücke zur neuen Ära schlug, und hinter ihm balancierte frech-fröhlich grinsend Thompson. Der mußte nur noch durch die Schmach hindurch, daß er bei den Europameisterschaften 1978 in Prag beim Anblick des verletzt ausscheidenden Deutschen freudestrahlend die Faust in die Höhe reckte, aber im berstenden Gefühl des sicheren Sieges plötzlich von dem Sowjetrussen Alexander Grebenjuk abgefangen wurde. Dieses Erlebnis wirkte auf den Charakter des begabten Luftikus wie ein Durchlauferhitzer. Dennoch war es eine Überraschung, als er am 17./18. Mai in Götzis über den alten Jenner-Berg stieg und daneben seine 8622 Punkte errichtete.
Der erste Weltrekord in Götzis.
Den zweiten holte Thompson zwei Jahre später mit 8707, womit er die 8649 Zähler Kratschmers, die der Mainzer am 13./14. Juni 1980 in Bernhausen erreicht und we-

ECS

FILA

Ein nachdenklicher Jürgen Hingsen. Auch in Götzis hat er sich Daley Thompson geschlagen geben müssen. »Hollywood-Hingsen« hat der Brite den Deutschen einmal genannt, ob ernst gemeint oder nicht: eine Einschätzung, die sicher nicht in jeder Gemütslage zutrifft

Eine traumhafte Kulisse bilden die Berge für die Zehnkämpfer in Götzis. Auch Siggi Wentz – auf dem Bild bei der Siegerehrung – fühlt sich von diesem Ambiente immer wieder inspiriert

gen des Boykotts als Olympiaersatz zu betrachten hatte, in die Vergangenheit hinabdrückte.

Thompsons Einzelleistungen waren: 100 Meter 10,49 Sekunden, Weitsprung 7,95 Meter, Kugelstoßen 15,31 Meter, Hochsprung 2,08 Meter, 400 Meter 46,88 Sekunden, 110 m Hürden 14,31 Sekunden, Diskuswurf 44,34 Meter, Stabhochsprung 4,90 Meter, Speerwurf 59,70 Meter, 1500 Meter 4:30,55 Minuten.

Bei der Hälfte hatte er 4663 Punkte beisammen, so viele, wie noch keiner vor ihm. Lerch erinnert sich genau – weil: solche Sätze hört man einmal und vergißt sie nicht wieder –, daß er ihm mit Ausdrücken wie »great« und »phantastic« gratulierte. Und wie er nur auf herunterhängenden Mundwinkel sah. »Bin nicht ganz zufrieden. Wollte viersieben. Nur mit viersieben kann ich neun machen.« Die Stenosprache der Athleten.

Neun gleich neuntausend Punkte! »Da habe ich gemerkt, daß er in ganz anderen Regionen denkt.« Lerch sagt auch, daß Thompson bei den Spielen in Los Angeles 1984, wo er um einen Punkt unter der von Jürgen Hingsen inzwischen aufgestellten Höchstleistung von 8798 Punkten geblieben war, den Weltrekord »regelrecht verweigerte. Der interessierte ihn irgendwo bei achtacht überhaupt nicht.«

Für die Veranstaltung 1983 sagte der Engländer ab, und sie sorgten sich in Götzis. Lag es daran, daß er kein Startgeld erhielt? »Ich habe«, so Lerch, »mit ihm darüber gesprochen. Es war das Jahr der Weltmeisterschaften, und er erklärte mir, daß er unter Rückenschmerzen leide. Als ich ihm meine Betroffenheit zeigte, meinte er, es sei nicht schlimm genug, um in Helsinki geschlagen zu werden.«

Die Leute in Götzis mögen Thompson. Die Kurzformel heißt: Er ist ein Athlet! Einer, der klaglos Leistung bringt. Der während eines Wettkampfes vor Schmerzen zwischendurch kaum gehen kann, wie 1980 in Götzis beim Weltrekord, der sich aber nur heimlich zum Sportmasseur wegstiehlt, und falls doch einer genauer hinsieht, sein Grinsen aufsetzt und ein Liedchen pfeift. »Er geht«, hat Lerch festgestellt, »von der selten geübten Annahme aus, die Verletzung dem Gegner nicht zu zeigen.«

Des jungen Helden Siegfried Schwachstelle war markiert durch ein Blatt. Ob Thompson je von ihm gehört hat? Wohl kaum, aber er ist klüger, er lenkt von der wunden Stelle ab. Er weiß, wie die Zauberer mit den kleinen und großen Kindern tricksen, und sehen wir nicht in der ersten Reihe Jürgen Hingsen sitzen und staunen, er: ein ständiger Rekordler und Unterlegener?

»Der ist der einfachste und unkomplizierteste Athlet, den man sich vorstellen kann.« Lerch rührt die Trommel. »Man sieht dem Thompson an, der tut den Zehnkampf gern. Der liebt ihn. Das ist der Motor, der ihm über vieles hinweghilft.«

Der Junge mit dem schwierigen Lebensweg: Er führte ihn aus Londons düsterem Stadtteil Soho und aus einem Internat für schwer erziehbare Kinder heraus, das Talent zum Zehnkampf als einzige Empfehlung, und prompt hatten ihn die gastfreundlichen Vorarlberger in ihren ausgebreiteten Armen. Wer denkt dabei nicht an eine überraschend gelungene Symbiose, die gemäß Duden ein »Zusammenleben verschiedener Lebewesen zu gegenseitigem Nutzen« ist?

Aber mit Herz, bitteschön.

Die Meetings und das Geld

Über Geld bei den Meetings soll die Rede sein. Nicht unbedingt so absolutistisch, wie es die Inquisitoren zu tun beliebten, nein, eher ohne Zorn und ohne Übereifer, und gelänge der Versuch, streckenweise wenigstens, nachdenklich zu stimmen, mehr noch, auch ein wenig Scham und Erschrekken zu erwecken – gleich zu Beginn beim Erinnern an große Namen – es wäre das meiste schon gewonnen. Später, das stimmt, wird das Geschäftstüchtige seinen Part nüchtern übernehmen.
Der Sport tut sich, jeder Abstecher in seine Vergangenheit erzählt Geschichten darüber, traditionell schwer mit dem Geld. Am liebsten ist ihm, wenn er in seine ideelle Rolle hineinschlüpfen kann. Er geriert sich nämlich gern als moralische Anstalt. Geld ist für den Sport, scheint es, eine Folgelast, die aus der Überwindung des Tauschhandels herrührt. Wenigstens galt diese Lesart bis in den Anfang der achtziger Jahre hinein, und zwar traf es besonders auf die erste unter den Amateursportarten zu, die Leichtathletik.
Ihre Gründungsväter betrieben, als sie im Jahr 1913 die International Amateur Athletics Association, die IAAF, aus der Taufe hoben, allein schon mit der Namensgebung eine Art von Teufelsaustreibung. In dem Wörtchen Amateur steckte all ihr Edel-, doch ebenso der Hochmut. Ihr Dogma begann mit A und hörte auch damit auf. Die Offiziellen sahen sich gegenüber den Sportlern in der Rolle von Erziehungsberechtigten.
Die aufgeklärten Bürger wollten gar nichts Anmaßendes oder Schlechtes oder Selbstsüchtiges. Derartiges darf ihnen wahrlich nicht unterstellt werden. Sie wollten wohl von jenen Spielregeln nur das Edelmütige erhalten, welches sich der junge Adel bei seinen Wettkämpfen gegeben hatte. Freilich hatte der sich mit Hilfe seines Regelwerks vom niederen Volk abgesetzt, das es sich nicht leisten konnte, nach Zwölf-Stunden-Arbeitstagen auch noch zweckfrei Sport zu treiben. Wem es von ihnen ein bißchen besser erging, der konnte vor allem in den schottischen Highlands für ein paar Pfund um die Wette rennen, was auf alle Fälle ein schöneres Leben war, als in die Kohlengruben zu fahren. Diese Burschen verfielen als Profis dem Bann.
Wir sind so frei, auf diesen bereits bei der Gründung der IAAF eingewebten Denkfehler hinzuweisen, zumal unser Kronzeuge in der Angelegenheit keiner von schlechten, sprich armen Eltern war. Baron Pierre de Coubertin, Wiederbegründer der Olympischen Spiele, kein Geringerer, sprach von »der Leiche im Keller der olympischen Bewegung« und meinte damit die Amateurgeschichte, die leidige.
Der erste arme Teufel, der an dem unheiligen Dogma, wonach Geld in Athletenhand anrüchig zu sein habe, und sei es hilfreich beim Überleben, scheiterte, war Jim Thorpe. Der Indianer war das erste und billigste Opfer. Er hatte sich in den USA noch außerhalb der Leichtathletik umsehen müssen, um ein paar Dollar zu verdienen. Im Baseball fand er sie. Danach haben sie ihn verraten und an den Pranger gestellt und die zwei Goldmedaillen, erworben in Stockholm 1912 im Fünf- und Zehnkampf, abgenommen. Außerdem flog sein guter Name in hohem Bogen auf den Scheiterhaufen: lebenslange Sperre. Der Satte versteht eben den Hungrigen nicht. Vor ein paar Jahren ist er übrigens rehabilitiert worden, sogar amerikanische Präsidenten hatten sich für den Indianer verwendet.
Immerhin, daraus folgt, daß zuweilen die Macht des Faktischen überkommene Wertvorstellungen auf den Müll der Geschichte abschieben kann; eines fernen Tages.
Doch nun sollten wir darangehen, das Thema auf „Das Geld und die Leichtathletik-Meetings" einzuengen. Dazu lassen wir die Dinge sich zunächst einmal in ihrer Verschwiegenheit entwickeln und haken erst wieder ein, wenn sie bis zum weltweiten Skandal ausgereift sind. Das Opfer hätte denn auch kein berühmteres sein können. Paavo Nurmi, der schweigsame Finne. Der Mann, der zur Legende geworden war, der neun Goldmedaillen gewonnen und 29 Weltrekorde aufgestellt hatte.
Kurz vor den Spielen in Los Angeles 1932 »fiel er den olympischen Häschern zum Opfer«, schrieb Karl-Adolf Scherer. »Eine Spesenabrechnung mit Gastgebern in Königsberg wurde der deutschen Sportbehörde für Leichtathletik bekannt. Aufmerksame Schweden forderten eine Untersuchung. Der Weltverband erhielt die Dokumente, und der Finne wurde wegen überhöhter Spesenforderung auf Lebenszeit disqualifiziert.« Es soll sich um die Summe von 3000 Goldmark gehandelt haben, und der Rechercheur war ein Sportjournalist.
Die Wiedergutmachung hat Nurmi zumindest noch rechtzeitig vor seinem Tod erreicht. 1952 trug er das olympische Feuer in das Stadion von Helsinki. Die Funktionäre mögen gefühlt haben, daß sie unter der Anleitung des römischen Sprichwortes

»Was Jupiter erlaubt ist, ist dem Ochsen noch lange nicht gestattet!«, für einmal wider den tierischen Ernst ihrer Amateurregeln handeln durften.
Die alten Leichtathleten machen heute, wenn sie zurücktauchen in ihre jungen Jahre, kein Hehl daraus, daß sie das Umgehen der Amateurgesetze immer als ein Kavaliersdelikt ansahen. Der Sprinter »Erka« Borchmeyer holt aus und erzählt: »Ach, da fällt mir ein, wie ich von Osnabrück nach Berlin gefahren bin. Vierte Klasse. Personenzug, und gepennt haben wir auf den Bänken, denn die Fahrt dauerte zwölf Stunden. Damals gab es auch noch kein Gepäcknetz, nur ein Brett, und darauf haben wir uns ebenfalls breitgemacht. Wenn man wußte, daß uns in Berlin jemand abholte, stiegen wir aus den Zweite-Klasse-Wagen aus, weil wir ja ordentlich abrechnen wollten. Die Differenz zwischen zweiter und vierter Klasse war unsere »Sporthilfe«. Wenn man 400 bis 500 Kilometer fuhr, wenn man sparsam lebte und alle Kniffe kannte, sparte man achtzig bis hundert Mark.«
Einmal zeigte ein Moralapostel, der Wind von der Sache bekommen hatte, Borchmeyer deswegen bei der Staatsanwaltschaft in Bochum an. »Die Sache ist dann wegen Nichtigkeit niedergeschlagen worden.«
Der einzige Leichtathletik-Star, der zwischen den beiden Weltkriegen die Stadien alleine füllen konnte, war Nurmi. Seine Nachwelt würde eine ähnliche Rolle auch Jesse Owens einräumen wollen, dem in Berlin 1936 mit viermal Gold dekorierten Sprinter und Springer. Der Amerikaner war hingegen zu jung und zu unerfahren, als daß ihm sein Talent auch wirklich die leeren Taschen hätte füllen können. Darüber hinaus war er ein Schwarzer.
Der Organisator Fritz Nottbrock weiß über Owens' nacholympisches Hundertmeterrennen beim Meeting des ASV Köln zu berichten, daß er nach seiner Niederlage gegen Ralph Metcalfe zu ihm kam und darum bat, auch weitspringen zu dürfen. Warum? »Um auch einen so schönen Koffer wie Metcalfe als Siegerpreis zu erhalten.« Bald danach rannte Owens gegen Pferde und alles mögliche und zwar für ein Geld, das hinten und vorne nicht reichte.
Man kann also nicht behaupten, daß die Leichtathletik ihre Besten verwöhnte und auf Händen trug. Das schlechte Gewissen, falls sich doch eines regte, bezog sich nie auf die aktuellen Asse. Bei alldem, es braucht nicht verschwiegen zu werden, befanden sich die Sport-Offiziellen in fast hundertprozentiger Übereinstimmung mit des Volkes Stimme und der veröffentlichten Meinung.
In den vierziger Jahren wurden die schwedischen Weltrekordläufer Gunder Hägg – er knackte im 5000-Meter-Lauf die 14-Minuten-Barriere – und Arne Andersson ausgestoßen. In den Fünfzigern erwischte es den Amerikaner Wes Santee, in den Sechzigern den Dänen Dan Waern.
Die Feuer loderten in regelmäßigen Abständen auf, ein paar Stars verbrannten, und in den Gerüchteküchen kochte es weiter. Die Geheimnisse traten immer offener zutage. Aber gewiß doch erhielt Ron Clarke 3000 Mark, hier und da 5000 Mark bar auf die Hand, der Langstreckenläufer aus Australien, der die Weltrekorde über 5000 und 10000 Meter von 13:35,0 auf 13:16,6 und von 28:18,2 auf 27:39,4 Minuten hinunterdrückte. Die bundesdeutschen Musketiere Tümmler, Norpoth, Kemper und Adams ließen ihr Können mit fünfhundert Mark honorieren, Anreise inklusive.
Lee Evans machte 1970 vor dem Zürcher Meeting die Pferde scheu, als er 1000 Dollar verlangte. Die Sache gelangte an die Öffentlichkeit. Ollan Cassel, heutiges Council-Mitglied der IAAF, Chairman der Grand Prix Commission, wurde als Inquisitor nach Zürich entsandt. Der Olympiasieger und Weltrekordler über 400 Meter, übrigens bis auf den heutigen Tag mit der Zeit von 43,86 Sekunden, hatte sich für die Verhältnisse in der Schweiz in eine neue Qualität verstiegen. Zehn Franken pro Meter!
Anfang 1972 tischte die amerikanische Fachzeitschrift »Track & Field News« das Resultat einer eigenen Umfrage auf. Sie war so fair, keine Namen zu nennen. Denn es ging nur um eine ehrliche Bestandsaufnahme. Die Leserschaft erfuhr, und das war schon einmal sehr tröstlich, daß »die Briten nie Geld und die Amerikaner fast nie viel verlangten«. Es sollte sich noch gewaltig ändern. Aber sonst: Am höchsten dotiert wurde ein Mittelstreckler, mit 1500 Dollar. Drüben, im alten dekadenten Europa. Ein Dutzend wurde mit einem Marktwert von 500 taxiert, der große Haufen schlug sich schon für hundert Dollar in die Schanze.
Obwohl noch durchsickerte, daß die raffiniertesten Athleten ordentlich Kasse machten, indem sie sich beispielsweise darin versuchten, so oft wie möglich den Gegenwert eines Flugtickets USA – Europa aus-

zahlen zu lassen, kann der Reibach so gigantisch nicht gewesen sein. Sonst hätte ein Profiunternehmen, das zwischen 1973 und 1976 vorzugsweise durch die amerikanischen Hallen zog, zumindest anfangs nicht solch einen Zulauf erleben dürfen. Plötzlich saß eine International Track Association, die ITA, wie eine Laus im Pelz der IAAF, und immerhin saugte sie ihr neben anderen die Weltrekordler Bob Beamon, Jim Ryun, Lee Evans, Kipchoge Keino und Ben Jipcho aus. Der Kenianer Jipcho verdiente noble 80000 Dollar. Er jedenfalls bereute nichts.
Sehr sachte gingen einsichtige Verbandsherren daran, ihre von der überkommenen Tradition geprägte Meinung über Sinn und Unsinn des Amateurparagraphen zu überprüfen. Sie hängten nichts an die große Glocke, dennoch war ihre Vogel-Strauß-Politik – Kopf in den Sand – bald zu erkennen. Sie hieß: Wo kein Ankläger, da ist auch kein Richter. Die Veranstalter bezogen die Klimaveränderung zu ihren Gunsten ins Kalkül mit ein. Und ihr Aufstieg und ihre Blüte rührten von daher. Wobei Irritationen zwischendurch nie auszuschließen waren.
Daß ausgerechnet einer der intelligenten Spitzenverdiener seiner Zeit, der französische Olympiasieger im 110-Meter-Hürdenlauf, Guy Drut, die verschwiegene Wende nicht mitgekriegt hatte, er, zu dessen Gunsten sie ablief, entbehrt nicht einer gewissen Ironie. Körperlich und mehr noch seelisch ausgelaugt nach einer anstrengenden Saison, entschloß er sich im November 1976 zu einer moralingetränkten Selbstanklage. Er habe zwischen 750 und 1200 Dollar pro Lauf kassiert. Er konnte leicht schwadronieren – nach dem gerade erklärten, später widerrufenen Rücktritt vom aktiven Sport. So wurde er gesperrt. Lebenslang. Aber er und jene Profis von der unterdessen bankrott gegangenen ITA, auch der amerikanische Hochspringer Dwight Stones – er wollte die 33633 Dollar nicht seinem Fachverband überlassen, die er 1978 bei einem der in den USA populären Superstar-Wettbewerbe gewonnen hatte – sie alle wurden vor den Olympischen Spielen in Moskau 1980 rechtzeitig reamateurisiert. Die IAAF war jetzt wirklich bemüht, Gras über die alten Geschichten wachsen zu lassen.
Irgendwie blieben deswegen die nächsten ans Tageslicht gekommenen Verwerfungen in der Leichtathletik-Landschaft ohne spürbare Folgen. Da war zunächst die »Edinburgh-Affaire«. Ein Mitveranstalter der Highland-Games hatte den eigenen Laden aus Verärgerung über einen räuberischen amerikanischen Sprinter auffliegen lassen und die nach alter Gewohnheit unter dem Tisch gezahlten Summen einem Journalisten zugespielt. Die französische Sportzeitung »L'Equipe« unkte waghalsig: »Das Watergate der Leichtathletik!«
Doch was hatte sich beim Einblick in den angeblichen Abgrund dem entsetzten Auge geboten? Der gesamte, an vierzig Spitzensportler ausgezahlte Betrag bewegte sich bei umgerechnet 40000 Mark, einer erhielt 2000. Die Athleten wurden einzeln von der Polizei vernommen, die sie der Steuerhinterziehung verdächtigte.
Kaum zwölf Monate später erschütterte die »Gateshead-Affaire« das britische Inselreich. Dort hatten 20000 Dollar ihre Besitzer gewechselt. Das Geld kam aus dem Stadtsäckel, was der Angelegenheit eine zusätzliche Brisanz verlieh. Ein Amerikaner soll allein 2000 Dollar – der Wechselkurs war damals etwa eins zu 1,80 Mark – erhalten haben, und weil sich Hürdenstar Ed Moses im Stadion befand, konnte der Hauptverdacht nur auf ihn fallen. Auf ihn und auf Weltrekorde-Lieferant Sebastian Coe, und die Zeitungen meldeten: Der Olympiastart ist gefährdet! Aber die Gefahr kam dann aus einer ganz anderen, der Boykottecke.
Dies ereignete sich zu einer Zeit, in welcher die bestellten Hüter über die Amateurverfassung schon längst nach Lösungen zu suchen begonnen hatten, um ihr Regelwerk zu entstauben. Mit einer geradezu genialen Umarmungstaktik pendelten sie etwa Ende 1977 wieder aufkommende Pläne um eine Profi-Leichtathletik aus, deren Geldquelle in Dubai lag. Die eher ahnungslosen Scheichs des ölreichen Emirats am Persischen Golf hatten sich von cleveren amerikanischen Managern auf das Vorhaben heben lassen.
Zum Auftakt sollten bei zwölf Veranstaltungen 2,2 Millionen Dollar ausgeschüttet werden. Obwohl diese Zahl doch eigentlich das Wasser im Munde zusammenlaufen lassen müßte, übten sich die umworbenen Sportler in merklicher Zurückhaltung. Und die IAAF-Oberen brachten die Araber flink auf ihre Seite, als sie ihrerseits ein Geschäft anboten, das geschickt auf ihre Ruhmbedürftigkeit einging. Unter dem offiziellen Patronat des Internationalen Leichtathletik-Verbandes gab es dann von 1979 bis 1981, zuletzt sprang ein japanischer Uhrenhersteller ein, »Goldene Wett-

bewerbe«. Den Goldenen Sprint, die Goldene Meile, den Goldenen Speerwurf und so fort.
Die edlen Spender hatten ihre Publicity und die Offiziellen ihre 800000 Dollar, die sie in die Leichtathletik-Entwicklungshilfe steckten; die besten Athleten erhielten kostbare Statuetten aus dem Edelmetall, und die Veranstalter, in deren Meetings reihum die Wettbewerbe plaziert wurden, sparten die Kosten für Anreise und Hotel der eigens eingeladenen Sportler.
Die Veranstalter oder meet-directors und die Funktionäre bauten auf diese und ähnliche Weise die ursprünglich zwischen ihnen stehenden Mauern ab. Eine kurze Zeitspanne über funkte der greise IAAF-Präsident, der Holländer Adrian Paulen, dazwischen, weil er zum Zwecke seiner Wiederwahl plötzlich glaubte, die mißtrauisch gewordenen Kollegen im Ostblock besänftigen zu müssen. Die witterten aus rein pragmatischen Überlegungen heraus Verrat am Amateurstatut, das vor allem ihren Staatsamateuren oder besser Staatsprofis zupaß kam. Zwei Jahre vor der Moskauer Olympiade haute Paulen also plötzlich auf die Pauke: »Der ganze Spuk wäre zu Ende, wenn wir hundert Athleten einfach rausschmeißen.« Natürlich nur solche aus dem Westen oder dem neutralen Ausland. Und es wären nicht einfach hundert, es wären die Besten gewesen. Es war ein unüberlegt gesprochener Satz. Einige maßgebliche Sportler vereinigten sich auf alle Fälle schon mal lose zu einer »Gewerkschaft«.
Die Erregung legte sich wieder, die Individualisten zogen sich auf ihre »Ichs« zurück. Paulen besann sich auf seine Aufgabe, die Evolution voranzubringen. Ein Ausspruch von ihm wurde bald ungläubig herumgereicht. Er könne die finanziellen Wünsche der Sportler verstehen, »wenn sie die vollen Stadien sehen«.
Schon Anfang 1977 war es auf Paulens Betreiben hin im Rahmen der Hallen-Europameisterschaften in San Sebastian zu einem lockeren Kontaktgespräch zwischen den einflußreichsten Veranstaltern und den Verbandsvertretern gekommen. Aus gleichem Anlaß traf man sich ein Jahr später in Mailand. Der rote Faden einer Verständigung war geknüpft.
Brügger, Thiel, Germar, Schäfer und Kollegen legten ihre lauteren Absichten dar, die ihrer Ansicht nach auch dann noch lauter blieben, wenn sie den Athleten »Spesen« zukommen ließen, die gängige Umschreibung für Geld. Der Geruch, Gesetzesübertreter zu sein, behagte ihnen gar nicht.
Unterdessen stiegen die Etats ihrer Sportfeste stetig an. Als Köln und Zürich 1977 die 300000 Mark-/Frankenlinie überschritten hatten, sprach man von der »Grenze der Belastbarkeit«. Die Veranstalter befürchteten, daß sie, würden sie nicht aufpassen, sehr schnell in die Rolle des Zauberlehrlings« gedrängt werden. Um die Geister, die sie riefen, wieder in ordentliche Bahnen zu drängen, schlossen sie sich im November 1978 während des IAAF-Kalenderkongresses in Wien zur Vereinigung der Euromeetings zusammen, mit allem, was dazugehört: Satzung, Wahlen, Präsidium, Mitgliedsbeiträge.
Die Sommer 1977 und 1978 hatten wohl manchen sportlichen Leckerbissen parat, doch sie hinterließen Defizite. Saßen die Organisatoren und die Verbandsherren nicht in einem Boot? Niemand konnte wollen, daß die Meetings der Reihe nach abstarben. Das Jahr 1980 war das Jahr des Olympiaboykotts, wieder einmal, und die Einrichtung der großen Meetings erwies sich für einen Großteil der Athleten als der einzige Segen. Derartige Entwicklungen und Erkenntnisse halfen allen, die Wunden nach und nach zu schließen.
Die Preise kletterten kaum noch. Henry Rono erhielt für seinen 10000-Meter-Weltrekord von 27:22,5 Minuten, in Wien 1978, 2000 Dollar Antrittsgeld und 1000 Dollar Prämie. Eine Tageszeitung raunte ihren Lesern einen Spesensatz von 1000 Mark für Harald Schmid zu. Bei Lichte besehen war alles halb so wild. Während der Monate Mai, Juni und Juli besaß der Europameister nur eine echte Verdienstmöglichkeit. Daran war allerdings auch abzulesen, daß die Zeit der Inquisition nicht aufhören würde, bevor nicht ein vollkommen überarbeitetes Gesetzeswerk den Amateur neu definierte. Bald war es in den meinungsbildenden kleinen Zirkeln zu hören: Nach den Moskauer Spielen käme die Liberalisierung des Sports, und mit der ewigen Geheimniskrämerei hätte es nach fast sieben Jahrzehnten ein Ende. Der Olympische Kongreß, auf Anfang Oktober 1981 nach Baden-Baden eingeladen, sollte die alten, mit Spinnweben überzogenen Kammern des Amateursports entrümpeln. Dabei ging es nicht nur um die Legalisierung der Startgelder, sondern auch um die größtmögliche finanzielle Freizügigkeit der Athleten in Fragen der Vermarktung und Werbung.
Die Schlüsselstellung fiel der Leichtathletik

zu. Die olympische Kernsportart hatte sich inzwischen von den Entscheidungsprozessen des Internationalen Olympischen Komitees insofern entscheidend abgekoppelt, als sie für 1983 ihre ersten Weltmeisterschaften plante. Daraus resultierte ein willkommener Handlungsspielraum.
Bei den Neuwahlen der IAAF im September 1981 setzte sich der Italiener Primo Nebiolo gegen Paulen überraschend deutlich durch, und mit ihm zog jetzt der Geist der levantinischen Kaufleute ein. Bald würde er im Auftrag seines Verbandes Summen bewegen, hinter denen die einstmals bösen Veranstalter zaunlattendünn wie Suppenkaspars verschwanden. So vergab die IAAF 1984 in einem Vierjahresvertrag die Fernseh- und Verwertungsrechte auf ihre eigenen Veranstaltungen für den Gegenwert von 35 Millionen Dollar an eine Schweizer Marketing-Gruppe.
Es hatte sich die Situation ergeben, daß mit Nebiolo und dem spanischen Diplomaten Juan Antonio Samaranch, dem IOC-Präsidenten, zwei Sportführer aus dem romanischen Sprachraum im Amateursport die Zügel in die Hand bekamen, und die Erkenntnis reifte schnell, daß sie das in der Welt vagabundierende Geld immerzu auf die von ihnen verwalteten Konten umzuleiten gedachten. Die Verteufelung des Geldes war einer Vergötzung gewichen. Oder war es doch nur eine gerade erst jetzt entdeckte Wirklichkeit?
Der IOC-Kongreß in Baden-Baden definierte schließlich den Amateur derart, daß seinen Einkünften keine Grenzen mehr gesetzt wurden. Schon beim IAAF-Kalenderkongreß in London noch im gleichen Monat sollte die Sportwelt erfahren, für wie eng eine Zelle von Managern und Athleten den bisherigen Handlungsrahmen gehalten hatte; denn für die Summe von einer Million Dollar wurden für 1982 sofort drei Rennen zwischen den bisher einzelgängerischen Meilenkönigen Coe und Ovett geplant. Das viele Geld wäre vielleicht auch über den weltweiten Verkauf der Fernsehrechte und die damit verbundene Bandenwerbung herauszuholen gewesen, wenn die beiden Geschäftsleute in den kurzen Hosen nicht krank geworden wären.
Noch am 7. Juli 1980 hatte der »Daily Mirror« einen Reporter zu dem alleinigen Zweck zum Dagens Nyheter Galan nach Stockholm geschickt, damit er dem dortigen Organisator und Ed Moses auf die Schliche komme, ob sie wirklich einen Preis in Höhe von 4000 Dollar ausgehandelt hatten oder nicht. Welche Gedanken wird der Mann 16 Monate später in seinem Kopf bewegt haben?
Die »Covett«-Serie platzte, und die traditionellen Veranstalter registrierten es mit Genugtuung. Res Brügger sagte: »Nie werde ich es soweit kommen lassen wie im Tennis.« Daß eine Handvoll Athleten den Rahm abschöpft und der Staffage nichts als eine Tasse saure Milch übrigläßt. Doch mußte erst noch die Probe auf das schlechte Beispiel gemacht werden, damit deutlich wurde, was gemeint war. Die Gelegenheit dazu ergab sich am 7. Juli 1982 in Oslo.
Die Finanzierung der Bislett-Games war durch die Direktübertragung des Meilenrennens in die USA gesichert. Die einzige Bedingung war eine Startzeit um 23.45 Uhr. Aber schon allein deswegen hatte sich die Zuschauerzahl halbiert, und nachdem der Amerikaner Steve Scott mit der großartigen Zeit von 3:47,69 Minuten Coes Weltrekord nur um die Lächerlichkeit von 36 Hundertstel verpaßt hatte, »sind die Leute aufgestanden, drei Klatscher und raus«, wie Rudi Thiel als Augenzeuge schilderte. Das Osloer Meeting hatte artfremden Geschäftemachern die Grenzen der Machbarkeit aufgezeigt.
Die IAAF ließ der IOC-Vorlage von Baden-Baden die praktische Ausgestaltung des Amateurparagraphen, genauer seiner Regel 26, folgen. Selbstbewußt schritt Nebiolo bei der nächsten Mitgliederversammlung Anfang September 1982 in Athen zur Tat. Fortan würden die einzelnen nationalen Verbände lediglich noch darüber zu wachen haben, ob ihre Athleten sie von allen Geschäften auch in Kenntnis setzten. Und die eingehenden Gelder müssen die Verbände in Athleten-Fonds einfrieren, so lange, bis der jeweilige Inhaber des Sperrkontos seine sportliche Karriere beendet hat.
Nebiolo erhielt dafür die überwältigende Mehrheit von 367:16 Stimmen. Mit einer Majorität von 386:24 wurden gleichzeitig die sogenannten IAAF-Permit-Meetings aus der Taufe gehoben. Dies sind Veranstaltungen, die vom internationalen Verband eine »Erlaubnis« erhalten haben. Die IAAF gab kund und zu wissen, daß sie mit der Vergabe ihres Etiketts Schutz und Schirm ausbreitet. Daß sich aber viel geändert hätte, konnte danach eigentlich niemand behaupten. Die Veranstalter befürchteten eine Zeitlang sogar einen Marsch in die IAAF-Abhängigkeit.
Allerdings stand unter der Auflistung der

Vorteile der Permit-Meetings erstmals ein Passus wie dieser: »Im Falle einer Vereinbarung zwischen dem Veranstalter und dem betreffenden IAAF-Mitglied kann eine vereinbarte Summe für die Teilnahme eines Weltrekordhalters, eines Olympiasiegers, Weltmeisters und/oder eines Athleten gleichen Niveaus, die vom Veranstalter eingeladen werden, an den nationalen Verband gezahlt werden.«
Eine umständliche Juristensprache. Aber die Höhe der Summe war tatsächlich kein Thema mehr.
In den beiden Deutschlands schieden sich wieder einmal die Geister. Die Stimme des marktorientierten Westens – Geschäfte wickeln sich nach dem Gesetz von Angebot und Nachfrage ab – bündelte der Läufer Thomas Wessinghage in den Satz: »Ich laufe bei den Meetings auch, um Geld zu verdienen. Das kann man ja jetzt sagen.« Aus der dirigistisch gelenkten Sportwelt der DDR ließ sich deren Verbandsvorsitzender Georg Wieczisk vernehmen: »Das läuft auf eine verkappte Professionalisierung hinaus.« Und: »Der Verband sollte weiterhin entscheiden können, wem er wieviel geben möchte.«
Die Verärgerung war derart groß, daß der Ostblock beschloß, 1983 die 23 Permit-Meetings zu boykottieren. Aber noch im ersten Sommer brachen die Ungarn und Polen aus der Einheitsfront aus, die Rumänen hatten sowieso nicht mitgemacht, und nachdem beim IAAF-Congress in Los Angeles kurz vor den Olympischen Spielen der »Athleten-Fonds« in »Athletic-Fonds« umgewandelt worden war – eine hintersinnige Wortklauberei: Das Geld kann nun auch von den (Ostblock-)Verbänden selbst einbehalten werden –, kehrten die DDR, die CSSR, Bulgarien und die Sowjetunion im Sommer 1984 kleinlaut zurück. Ihre Athleten waren nicht vermißt worden bei den »Klein-Olympiaden«.
Die Veranstalter hatten sich unterdessen gegen ein gutes Zubrot kostbare Übertragungszeiten in meist mehreren Fernsehanstalten gesichert, und wenn sie mit ihrem Meeting nur lange genug auf den Bildschirmen präsent waren, aber mindestens für eine Dreiviertelstunde, wirkte sich dies auf die Einkünfte aus der Banden- und Startnummernwerbung vorteilhaft aus. Die Gesamtetats explodierten. Im nacholympischen Sommer setzten Zürich rund 1,6 Millionen Franken, Berlin und Köln über 900000 und Koblenz 675000 Mark um.
Spitzenverdiener war Edwin Moses mit Einkünften zwischen 20800 und 28000 Dollar. Freilich kam er nur viermal zum Zuge. Res Brügger legte sich mit dem Amerikaner in einem Interview-Krieg an, und er tat in einer Pressekonferenz kund, auf ihn zu verzichten. Moses gab zurück, er fühle sich sowieso krank. Es wurde öffentlich über Geld gestritten, doch die Inquisition war vorbei. Ein Olympiasieger hatte 1984 für seinen Auftritt 1500 bis 3000 Dollar zu erwarten.
Die jüngste Errungenschaft des Primo Nebiolo ist der Grand-Prix-Wettbewerb. Er wird von 1985 an in 16 Orten, verteilt auf 13 Länder, ausgetragen. Dabei werden Preisgelder von insgesamt 542000 Dollar ausgeschüttet. Die jeweiligen Einzelsieger erhalten zum Schluß 10000 Dollar, der Gesamtbeste, so etwas wie der Superstar des Sommers, kassiert zusätzliche 25000 Dollar. Selbstverständlich steckt der Athlet daneben auch die frei mit dem jeweiligen Organisator ausgehandelte Gage ein.
Brügger, der Präsident der Euromeeting-Mitglieder, ist zufrieden. »Unsere Bedenken konnten verscheucht werden, zur Gestaltung unserer Meetings nichts mehr zu sagen zu haben, Startnummern- und Bandenreklame nicht mehr selber vermarkten zu können... Jetzt liegt einzig die Durchführung des Finalmeetings ganz in den Händen der IAAF.« Das Abschlußsportfest im September soll mit verdoppelten Punktezahlen über die Bühne gehen.
Eigentlich bleibt mit dem Grand Prix (fast) alles beim neuen Alten. Die Athleten werden nicht weniger verlangen, und die Organisatoren werden darauf zu achten haben, daß sie nicht ins Debet schlittern. Der Hauptsponsor, eine Ölgesellschaft, zahlt jedem Meeting 20000 Dollar aus und erwirbt sich damit den Anspruch auf eine acht Meter lange Bande dort, wo das Fernsehauge am häufigsten hinblickt. Ja, und dann sind die Termine zwei Tage vorher und nachher freigehalten von Konkurrenten, und es ist zugesagt worden, die Grand-Prix-Tage so festzusetzen, daß die Sportler auch an den Start gehen können und nicht ins Trainingslager irgendwelcher Titelkämpfe wegen müssen.
Die Zukunft? Wer weiß schon, wie das Spiel ausgeht. Während das nun einsetzende Nachdenken in ein stilles Vor-sich-Hinbrüten hinübergleitet, ist plötzlich ein leises Geräusch zu hören. Von wo kann es herrühren? Ach, es ist weiter nichts. Gerade hat sich Jim Thorpe noch einmal im Grabe herumgedreht.

Alles über den Grand Prix 1985

Einer der Glanzpunkte des internationalen Leichtathletik-Programms in diesem Sommer wird der neue IAAF/Mobil Grand Prix sein. Lesen Sie hier – in Form von Frage und Antwort – alles über diesen Wettbewerb.

Gibt es ein Vorbild für diesen Grand Prix?

Er basiert auf einem amerikanischen Programm, das vom Öl-Giganten Mobil gesponsert und von The Athletic Congress (TAC), dem amerikanischen Leichtathletik-Verband, organisiert wurde. Mobils Sponsortätigkeit in den Vereinigten Staaten, sowohl beim dortigen Grand Prix als auch bei den nationalen Meisterschaften, hat der amerikanischen Leichtathletik großen Auftrieb gegeben.

Welche Meetings zählen zum IAAF/Mobil Grand Prix?

Der Wettbewerb beinhaltet 15 Meetings. Je zwei in den Vereinigten Staaten, in England und Deutschland, je eines in der UdSSR, der Tschechoslowakei, in Schweden, Finnland, Frankreich, Norwegen, Ungarn, der Schweiz und in Belgien. Höhepunkt wird das Finale in Italien sein. Die genauen Termine:

25. 5. Bruce Jenner Classic – San José
1. 6. Prefontaine Classic – Eugene
8. 6. Znamenski Memorial – Moskau
22. 6. Rosicky Memorial – Prag
2. 7. DN – Galan – Stockholm
4. 7. World Games – Helsinki
16. 7. Nikaia – Nizza
19. 7. Peugeot-Talbot Games – London
27. 7. Bislett-Games – Oslo
2. 8. IAC/Coca Cola – London
4. 8. Grand Prix – Budapest
21. 8. Weltklasse – Zürich
23. 8. ISTAF – Berlin
25. 8. Weltklasse – Köln
30. 8. Van Damme Memorial – Brüssel
7. 9. Grand-Prix-Finale – Rom

Werden alle Leichtathletik-Standard-Disziplinen durchgeführt?

Nein. Jedes Jahr zählen bei den Männern neun, bei den Frauen sieben Disziplinen zum Grand Prix. 1985 und in allen folgenden »ungeraden« Jahren sind das bei den Männern 200 m, 400 m, 1500 m, 5000 m, 110 m Hürden, Stabhochsprung, Weitsprung, Diskus und Speer; bei den Frauen 100 m, 800 m, 3000 m, 400 m Hürden, Hochsprung, Weitsprung und Kugelstoßen. 1986 und in allen folgenden »geraden« Jahren zählen bei den Männern 100 m, 800 m, 10000 m, 3000 m Hindernis, 400 m Hürden, Hochsprung, Dreisprung, Kugelstoßen und Hammerwurf, bei den Frauen 200 m, 400 m, 1500 m, 5000 m, 100 m Hürden, Diskus und Speerwurf zum Grand Prix.

Wie werden die Punkte gezählt?

Mit Ausnahme des Finales in Rom werden die Punkte folgendermaßen gezählt: Für einen ersten Platz gibt's 9 Punkte, sieben für einen zweiten, sechs für einen dritten, fünf für einen vierten, vier für einen fünften, drei für einen sechsten, zwei für einen siebten und einen für einen achten Platz. Weitere sechs Punkte gibt es für einen neuen Weltrekord, drei, wenn ein Weltrekord eingestellt wird. Im Grand-Prix-Finale wird diese Punktewertung verdoppelt.

An wie vielen Grand Prix Meetings kann ein Athlet teilnehmen?

Ein Athlet kann vor dem Finale bei maximal fünf Meetings Punkte sammeln. Wenn er an mehr als fünf Meetings teilnimmt, zählen die fünf besten Ergebnisse.

Wie sieht's mit dem finanziellen Anreiz für die Athleten aus?

Die Athleten können über ihre nationalen Verbände Startgeld für die einzelnen Meetings aushandeln. Hinzu kommen Prämien von insgesamt 542000 Dollar. Der Grand-Prix-Sieg in der jeweiligen Disziplin bringt 10000 $, ein zweiter Platz 7000 $, ein dritter 4000 $, ein vierter 3000 $, ein fünfter 2000 $ und ein sechster 1000 $. Die Prämien sind an die nationalen Verbände zu zahlen.
Für den Gesamtsieg im Grand Prix (der Athlet und die Athletin mit den meisten Punkten aus den einzelnen Disziplinen) gibt es 25000 $, für den zweiten 15000 $, für den dritten 10000 $ und 5000 $ für den vierten Platz.
So könnte Carl Lewis zum Beispiel, wenn er den 200-m- und den Weitsprung-Grand-Prix gewinnen würde und darüber hinaus Gesamt-Grand-Prix-Sieger würde, 45000 $ verdienen. Zuzüglich der ausgehandelten Startgelder natürlich.

Die Satzung der Euro Meetings

Die Mitglieder stimmen über die folgenden Regeln überein:

Ihre Versammlungen unterliegen den von der IAAF und der EAA festgelegten Regeln und Richtlinien.

Jeglicher politischer und kommerzieller Einfluß wird im weitesten Sinne vermieden, um die Handlungsfreiheit des Meetings nicht zu gefährden.

Das Meeting wird auf ehrenamtlicher Basis unter Ausschluß persönlicher, finanzieller Interessen geleitet; hingegen werden Rückerstattungen von Einkommensverlusten und Auslagen anerkannt.

Eventuelle Einkünfte des Meetings dienen der Entwicklung von »track and field«.

Traditionelle Versammlungsdaten der Mitglieder von EURO MEETINGS werden beibehalten und dürfen nicht von anderen Terminen durchkreuzt werden.

Den Richtlinien des Vorstandes von EURO MEETING wird auch in dem Punkt der Teilnahmesätze für Athleten Folge geleistet, insofern als man davon Abstand nimmt, Zahlungen unter der Hand von dritter Seite zu veranlassen oder zu dulden.

Ein offener Informationsaustausch der EURO MEETINGS-Mitglieder soll gewährleistet werden, um das Niveau der Versammlungen zu verbessern.

Im Falle der Nichtbeachtung der Satzung werden Entscheidungen und Sanktionen des Vorstandes von EURO MEETINGS anerkannt.